MONSEIGNEUR POSTEL

SA VIE ET SES ŒUVRES

IMPRIMERIE PILLET ET DUMOULIN

Rue des Grands-Augustins, 5, à Paris.

1823-1885

MONSEIGNEUR POSTEL

SA VIE

ET SES ŒUVRES

Nunc labor, denique cœlum.

PARIS

A. JOSSE, LIBRAIRE-ÉDITEUR

31, RUE DE SÈVRES, 31

1885

C E livre résume les souvenirs que nous a laissés une amitié de plus de cinquante ans avec celui dont il essaye de raconter la vie.

Notre affection pour Mgr Postel était fondée sur la connaissance intime que nous avions de ses rares qualités, plus tard, de ses vertus vraiment sacerdotales, et sur l'estime profonde qu'elles nous inspiraient.

Il nous a semblé qu'une vie comme la sienne méritait de ne pas tomber dans l'oubli.

Ce qui nous a encouragé à l'écrire c'est la pensée qu'a eue l'excellent prélat de léguer ses manuscrits à son vieil ami d'enfance. Les intéressants documents que nous y avons trouvés nous ont grandement aidé à compléter nos souvenirs personnels.

Mgr Postel n'a jamais manqué de mettre chacun de ces ouvrages sous la protection de la ·T. S. Vierge. En déposant, à son exemple, aux pieds de notre divine Mère ces pages où nous avons essayé de retracer la vie d'un de ses plus fidèles serviteurs, nous tenons à les dater du premier jour du mois qui est consacré tout entier au culte de Marie.

1er mai 1885.

MONSEIGNEUR POSTEL

I

L E village de Couterne où naquit Victor-Charles-Auguste Postel, le 22 février 1823, est un des plus agréables et était autrefois un des mieux habités de la partie de la basse Normandie qui confine à l'ancienne province du Perche. Situé entre Alençon et Domfront et traversé par deux grandes routes, il s'appuie au Nord à la forêt domaniale d'Andenne et s'incline doucement au Midi jusqu'au bord de la Mayenne qui reçoit à Couterne même un de ses affluents, la Vée. Sur les deux rives s'étendent de riches prairies. De toutes parts aux environs, des châteaux et des habitations de plaisance aux longues et larges avenues de hêtres, de chênes et de châ-

taigniers ; çà et là, des rochers sauvages coupés
par d'étroites vallées, et dont le désordre pittoresque ajoute un grand charme au paysage. A
proximité de Couterne, est un sanctuaire célèbre,
Notre-Dame de Lignon, qui est un lieu de pèlerinage très fréquenté. Ce nom revient souvent dans les souvenirs de celui dont nous
racontons la vie ; c'est là qu'il a tenu à avoir sa
tombe, à quelques pas seulement de son berceau.

Victor Postel était le sixième de neuf enfants.
Trois moururent en bas âge. Quatre de ses
sœurs furent rappelés à Dieu en peu d'années et
en pleine jeunesse. Elles étaient fort pieuses.
Deux d'entre elles avaient fait profession chez
les sœurs de la Retraite chrétienne, et elles y
moururent saintement.

A quinze ans, Victor restait seul avec Valentin, son jeune frère, moins âgé que lui de
deux ans. Les deuils de la première heure sem-
blent avoir répandu leur ombre sur toute sa
vie. Il s'y joignit plus tard d'autres afflictions.

Peu de familles ont été aussi éprouvées que la famille Postel.

Le père, riche propriétaire, avait reçu une éducation distinguée; son extérieur était séduisant, son esprit vif et brillant, son caractère fort doux. Il était au premier rang des notables de la commune de Couterne, dont il fut maire près de dix ans; mais à ses rares qualités d'esprit, il était loin de joindre celles qui lui auraient été nécessaires pour administrer sa fortune. Elle était considérable au moment de son mariage; mais des spéculations hasardeuses et aussi, pourquoi ne pas le dire? la passion du jeu, en compromirent une bonne partie; le reste fut absorbé par les efforts malheureux qu'il fit pour essayer de la reconstituer.

Tout y passa, même la maison paternelle qu'on fut enfin obligé de vendre. C'était une habitation fort agréable, et qui faisait bonne mine au milieu des maisons seigneuriales qui étaient alors en grand nombre dans le pays; elle avait d'ailleurs de bien doux souvenirs, ceux des premières et si heureuses années de mariage, desquelles datait sa reconstruction; aussi ce sacrifice fut-il le plus pénible de tous.

Heureusement pour M. Postel, sa femme, Anne-Françoise Defais, fille d'un gros marchand de toiles de Flers, était une personne d'une haute intelligence et d'une grande énergie. Elle se trouva à la hauteur des circonstances difficiles où l'avenir de sa famille était si gravement engagé. Elle donna du courage à son mari extrêmement abattu par tant de désastres, mit de l'ordre dans ses affaires fort embrouillées, désintéressa les créanciers les plus pressés, fit prendre patience aux autres, se donna du mouvement et fit des démarches sans nombre pour assurer aux siens des moyens d'existence, car on en était arrivé à ne plus oser compter sur le lendemain. Mais son souci principal était l'éducation de ses enfants.

Victor, l'aîné de ses fils, annonçait dès le bas âge de remarquables dispositions pour l'étude. A cinq ans, il savait lire couramment, et son pre-

mier livre fut le recueil des Évangiles de tous les
jours de l'année. Il avait pris un tel goût à cette
lecture, qu'on ne pouvait l'en arracher, même
pendant ses récréations, et il lisait avec tant d'attention qu'il se faisait expliquer par sa mère ou
ses sœurs les passages qu'il ne comprenait pas.
Après ce livre, il en lut d'autres, surtout les
livres de voyages pour lesquels il conçut dès lors
un attrait qui a duré toute sa vie.

Déjà il se faisait remarquer par une grande
droiture de caractère et par une délicatesse de
conscience rare chez un enfant de cet âge. Il
avait pourtant ses défauts. Violent, impérieux,
opiniâtre même, il aimait à dominer partout, et
sa réelle supériorité sur ses petits camarades semblait lui en donner le droit. Un jour pourtant,
il se laissa entraîner par l'un d'eux à faire l'école
buissonnière, et, comme ce genre de faute ne va
jamais seul, la sienne s'aggrava de la complicité
d'un vol de pommes qu'il se reprocha longtemps avec amertume, et aussi d'un gros mensonge à son maître d'école pour lui expliquer à

sa façon pourquoi il avait manqué la classe. Ce mensonge, le seul peut-être qu'il ait fait de sa vie, lui laissa beaucoup de remords. Une autre fois, tenté par un étalage de figues sèches à la devanture d'une épicerie de Domfront, il eut la faiblesse de s'en adjuger une poignée. Ce méfait lui parut le plus grand des crimes : « Je croyais, disait-il, que tous les passants lisaient sur mon front que j'étais un voleur : d'ailleurs, ma pauvre mère me fit une telle semonce qu'il me sembla pendant plusieurs jours que toute la gendarmerie du département était à mes trousses. »

Quand il était puni, ce qui lui arrivait quelquefois, si la punition était juste, il la subissait sans réclamer; mais un jour, ayant été fortement corrigé pour une faute qu'il n'avait pas commise, sa colère fut si grande qu'il se résolut tout simplement à quitter la maison paternelle. Il erra toute une journée à travers la campagne répétant tout haut et avec indignation : *Dieu vengera l'innocent! Dieu vengera l'innocent!* puis il se perdit. Alors, son héroïsme se déconcerta : il pleura beaucoup, il demanda son chemin en pleurant; la faim eut définitivement raison de cette équipée. Sa bonne mère, loin de le gronder, l'embrassa tendrement au retour. Ce fut sa seule punition, et cet acte de miséricorde lui fit plus d'impression que toutes les rigueurs : « J'ai compris, ce jour-là, disait-il, la parabole de l'enfant prodigue que j'aimais tant à lire dans mon évangile. »

Tels étaient les débuts de cet aimable enfant. Ces débuts étaient pleins de promesses.

Victor Postel avait déjà toute l'instruction qu'on donnait alors dans les écoles de village. Il menaçait même de dépasser son maître. Sa mère jugea qu'il était temps pour son frère et pour lui de continuer leur éducation ailleurs. Elle se fit recommander à Paris, auprès d'un personnage influent qu'elle avait connu dans des jours plus heureux. Sa lettre fut presque aussitôt suivie d'un avis officiel lui annonçant que le ministre, prenant en considération la demande qu'on lui avait faite d'une bourse dans un collège royal pour l'aîné

de ses fils, l'invitait à le présenter à la rentrée du
mois d'octobre.

Ce n'était pas ce que demandait Mme Postel.
Préoccupée avant tout de l'avenir chrétien de ses
enfants, elle redoutait de les voir exposés aux
périls de l'éducation publique dans un collège de
l'Université. D'ailleurs, la révolution de Juillet
avait donné à ces établissements une direction et
des tendances de nature à alarmer la foi d'une
mère chrétienne. Pourtant, Mme Postel partit
pour Paris avec ses deux fils; mais avant de rien
décider, elle s'ouvrit de ses incertitudes à un
frère des Ecoles chrétiennes qui cachait sous l'humilité de sa robe de bure de glorieux états de
service dans les armées de l'Empire et la croix
d'honneur qu'il avait gagnée sur le champ de
bataille. Il était alors directeur d'une importante
école primaire. Mme Postel lui confia provisoirement ses enfants; elle employa le reste de son séjour à Paris à faire des démarches auprès de diverses administrations pour procurer à son mari
une place dont il avait grand besoin pour se tirer

de l'embarras où l'avait mis le désarroi de sa fortune ; ces démarches échouèrent devant l'inflexible
résolution de M. Postel de ne pas quitter son
pays. Mme Postel revint à Couterne ; mais avant
de quitter Paris, elle plaça ses deux enfants dans
une maison d'éducation patronnée sous la Restauration par le Roi lui-même et qui avait continué
à être administrée par un conseil composé de
toutes les illustrations légitimistes du temps :
c'était la maison de Saint-Nicolas, rue de Vaugirard, dont M. l'abbé de Bervanger, depuis
prélat romain, était directeur.

Mais si le système d'éducation de cette maison
convenait au plus jeune des deux frères, l'aîné
dont l'intelligence était fort développée ne pouvait pas s'en accommoder longtemps. D'ailleurs,
depuis sa première communion qu'il avait faite
au mois de juin 1834, avec une très grande ferveur, Victor se sentait attiré vers l'état ecclésiastique. Son confesseur, à qui il s'était ouvert
de ses dispositions, jugea en effet que sa vocation était sérieuse et donna à sa mère le con-

seil de le faire entrer au Petit-Séminaire de
Paris.

Victor obtint une bourse dans cette maison,
au mois d'octobre 1834, et Valentin continua ses
études au pensionnat de Saint-Nicolas, où il déve-
loppa son goût pour le dessin et les sciences
exactes. A la fin de son éducation qu'il termina
au collège de Gorron, dans la Mayenne, il fut
admis dans le corps des Ponts et Chaussées sans
avoir passé par les écoles du gouvernement, et
il y occupa jusqu'à la fin une position honorable.

II

Au moment où Victor Postel entra au Petit-Séminaire, cette maison avait pour supérieur M. l'abbé Jammes, aumônier de l'École polytechnique, sous la Restauration, et vicaire général de Mgr de Quélen. Cet ecclésiastique éminent cachait une grande bonté de cœur sous les dehors d'une grande sévérité. Sa haute taille et sa forte voix le rendaient particulièrement terrible, lorsqu'à la lecture des notes hebdomadaires, il faisait des réprimandes, surtout lorsqu'il prononçait publiquement des exclusions, ce qui arriva plusieurs fois, à la grande terreur du jeune Postel, qui se croyait toujours sur le point d'être désigné.

Il était cependant, par sa bonne conduite, au

rang des meilleurs élèves de sa classe ; mais quoique ses maîtres n'eussent point de reproches à lui faire, il ne se sentait jamais tranquille. A force de bonté, M. Jammes, cet homme si redoutable, parvint à apaiser ses frayeurs enfantines.

Le moment où Victor Postel entra au Petit-Séminaire était, pour cette maison, un temps de transition. M. l'abbé Frère, qui l'avait dirigée depuis près de seize ans, l'avait quittée l'année précédente, en y laissant le souvenir d'une direction féconde qui résumait les plus pures traditions de l'éducation cléricale, et est demeurée pour un grand nombre un type accompli et que l'on doit s'efforcer de réaliser tout entier. Il parut à M. Jammes qu'il y avait quelques modifications à y introduire ; peut-être ne ménagea-t-il pas assez l'avènement d'un régime différent ; il dut s'en apercevoir à des mécontentements qui menaçèrent même d'ébranler le vieil esprit de la maison.

Heureusement, l'autorité un peu austère parfois du nouveau supérieur était tempérée par

les qualités différentes des prêtres de haut mérite
et de grande vertu que Mgr de Quélen avait en-
voyés au Petit-Séminaire, au moment de la dis-
solution de l'œuvre de Saint-Hyacinthe, fondée
par leurs soins dans la paroisse de Sainte-Made-
leine. Le plus illustre d'entre eux, M. Dupanloup, avait été chargé par M. Jammes de la direction générale des études; M. Pététot, des
fonctions de préfet de religion; M. Legrand, de
la classe de rhétorique, et M. Fraysse, de l'éco-
nomat. Mais au mois d'avril de l'année 1835, ces
messieurs furent rappelés dans le ministère des
paroisses. Leur départ hâta celui de M. Jammes,
qui fut remplacé à la fin de l'année scolaire par
un prêtre de la société de Saint-Sulpice, homme
d'une grande austérité, M. l'abbé Bonniver;
mais au bout de six mois, M. Bonniver mourut;
l'abbé Didon fut alors nommé supérieur du
Petit-Séminaire.

Tant de changements, opérés en si peu de
temps, n'étaient pas faits pour donner à la maison la stabilité dont elle avait besoin après les

crises qu'elle venait de traverser. De plus, des réformès profondes, faites dans le système des études classiques, menaçaient d'aggraver une situation fortement ébranlée. M. l'abbé Didon, prêtre fort instruit, mais d'un esprit un peu systématique, s'était épris d'une méthode nouvelle d'enseignement, qui faisait alors un certain bruit, la méthode Jacotot, et en avait fait l'essai dans les classes de cinquième et de sixième. Elle devait avoir pour effet, il le croyait du moins, d'abréger le temps consacré à l'étude du latin et du grec. Cette méthode, confiée à des professeurs qui n'y avaient été nullement initiés, et n'en reproduisaient que les formules, avait tout le péril des expériences sur lesquelles le temps ne s'est pas prononcé, et n'eut aucun des avantages qu'on s'en promettait.

Au bout de dix-huit mois, le nouveau supérieur, averti par l'état de sa santé qu'il ne pourrait pas continuer ses fonctions, demandait à Mgr de Quélen d'en être relevé. On lui donna pour successeur M. Dupanloup, qui, depuis dix-huit mois, était second vicaire de la paroisse Saint-Roch. Une ère nouvelle commençait pour Saint-Nicolas.

Tous ces événements avaient passé à peu près inaperçus pour le jeune Victor Postel, aussi bien que pour la plupart de ses camarades de classe. Il poursuivait ses études avec l'heureuse insouciance de son âge. Comme il était fort intelligent et que le travail lui coûtait peu, le succès lui arrivait sans qu'il se mît trop en peine de le chercher. Écolier joyeux, vif, espiègle, plein de finesse et non pas sans malice, il montrait dès lors une activité et des ressources d'esprit peu communes. Si les études et les classes avaient la meilleure partie de son temps, il avait l'art d'employer l'autre à des occupations où son industrie se donnait carrière par des inventions et des entreprises tout à fait ingénieuses. Il faisait alterner, avec l'étude du rudiment, des collections d'insectes; et, entre deux devoirs de latin, il confectionnait des ouvrages en carton et des reliures. Il inventa même une langue dont le mécanisme consistait dans la transposition de certaines lettres et une écriture qui avait la prétention d'imiter les caractères hébraïques, et qui de loin pouvait faire illusion.

On cite aussi de lui des compositions musicales qui datent de la même époque, et même des vers français dont il a eu raison de ne pas tirer vanité.

A la maison de campagne de Conflans, et plus tard, à celle de Gentilly, c'étaient d'autres occupations. Il se livrait alors avec passion à des travaux de jardinage, sur un terrain de quelques mètres carrés qu'on lui avait abandonné. Le sol était ingrat, l'exposition mauvaise, les instruments de culture très imparfaits ; à force d'ingéniosité, il arrivait à triompher de ces conditions défavorables, et à faire produire à son jardin des fleurs et même des fraises et des salades.

Pour se reposer de ses travaux d'horticulture, il imaginait de nouveaux jeux et ne manquait pas d'y ajouter, à l'adresse de ses condisciples, d'innocentes mystifications. Il aurait, dit-on, conservé le goût de ce genre de divertissement, même au delà des années de l'adolescence.

Avec tout cela, c'était un enfant très pieux ; on le voyait à son attitude angélique pendant les prières, à la manière dont il suivait les exercices de la retraite annuelle et dont il s'approchait des sacrements, et aussi à sa fidélité à certaines pratiques de pitié que sa mère lui avait enseignées et dont il conserva l'habitude jusqu'à la fin de sa vie.

Son âme, naturellement élevée, était fort délicate et craignait l'apparence même du mal. Rien n'était plus innocent que ses amitiés. Qu'il y ait eu autour de lui des condisciples moins sages, il n'en sut jamais rien, et même il n'en eut jamais le soupçon. Dans tout le cours de son éducation, c'est lui qui l'atteste, d'autres qui ont vécu dans la même maison, mais qui ont suivi une voie bien différente de la sienne, l'ont dit après lui : jamais il n'entendit une seule parole, jamais il ne fut témoin d'aucun exemple capable d'alarmer sa délicatesse. Il pouvait dire avec le poète et avec plus de vérité que lui :

Domus hâc nec purior illà est
Nec magis his aliena malis.

On était en 1837, M. Dupanloup venait de succéder à M. Didon dans la direction du Petit-Séminaire. Cette année, particulièrement importante pour la destinée de Saint-Nicolas, marqua dans la vie de Victor Postel par des événements de famille bien douloureux. Son père était mort dans les premiers mois de l'année ; la dernière de ses sœurs l'avait suivi de près. Veuve et presque sans ressources, Mme Postel fut soutenue par son extraordinaire énergie. A tout prix il lui fallait pourvoir à l'avenir des deux seuls enfants qui lui restaient. Elle prit une résolution vraiment héroïque. Comme elle avait reçu une instruction assez complète, il lui parut qu'elle pouvait en profiter pour se créer des ressources. Il est vrai que, depuis son mariage, elle avait eu le temps de perdre de vue bien des choses qu'elle avait apprises autrefois, et qui allaient lui devenir nécessaires. Elle avait quarante-deux ans; comment à cet âge se reprendre à étudier? Son parti fut bientôt pris. Elle étudiera, car elle a le devoir de penser à ses enfants. Une religieuse de la maison de la Retraite chrétienne, à Issy, où deux de ses filles avaient fait profession et où les deux autres avaient été élevées, s'offrit à lui donner des leçons. Elle se mit en pension dans la maison; elle y serait redevenue écolière s'il l'avait fallu. En quelques mois, sa préparation fut jugée suffisante, et elle put accepter les fonctions d'institutrice qu'on lui proposait dans une grande famille de Russie. C'était la séparation, l'exil, la mort peut-être; à cause de ses enfants, elle n'hésita pas.

La ruine de sa fortune était si complète qu'elle dut emprunter la somme nécessaire pour le voyage. Sa place payée, il lui restait à peine une centaine de francs. C'est avec cette mince ressource qu'elle arriva à Saint-Pétersbourg. La famille où elle de-

vait entrer habitait le gouvernement de Tver ;
elle y resta deux ans, passa de là à Moscou, puis
dans le gouvernement de Tchernigof, au fond
d'une campagne, à une distance énorme de la
ville la plus prochaine ; c'est dans cette solitude
qu'elle passa douze années de sa vie, n'ayant fait
dans cet intervalle qu'un seul voyage en France.
A force d'économies et de privations, elle était
enfin parvenue à mettre sa famille à l'abri du
besoin et à se ménager à elle-même une vieillesse
à peu près indépendante.

C'est de là qu'elle écrivait à ses enfants des
lettres que son fils aîné a pieusement recueillies
et qui forment les pages les plus belles du beau
livre que sa piété filiale lui a consacré : *Une
femme forte et une mère.*

A travers tant de tribulations, Victor Postel
continuait ses études au Petit-Séminaire de Saint-
Nicolas. L'écolier folâtre était devenu un jeune
homme sérieux ; le souvenir des deuils et des
tristesses de sa famille lui fit dès lors concevoir
la louable ambition d'aider sa mère à retrouver

en France un foyer, et de faciliter à son jeune frère l'entrée dans une carrière honorable. C'est là que tendirent ses efforts, et plus tard ses travaux.

Tout a été dit sur la direction que donna M. Dupanloup au Petit-Séminaire pendant les huit années qu'il en fut supérieur. Cette période est devenue presque légendaire, et ceux qui ont eu l'honneur d'être ses élèves ne peuvent se la rappeler sans émotion. La piété, les études, la discipline, l'excellent esprit des élèves, leur attachement à leurs maîtres, le dévouement absolu des maîtres à la maison, le respect et la confiance de tous à l'égard de celui qui avait créé cette merveille, tout se ressentait de l'impulsion extraordinaire que M. Dupanloup avait su communiquer à tous les détails dont se compose l'éducation de la jeunesse, cette « œuvre d'autorité et de respect » comme il le disait souvent. Nul mieux que lui ne sut faire entrer cette notion dans la pratique.

Époque d'enthousiasme que celle où il fut à

la tête du Petit-Séminaire, et d'un enthousiasme qui eut la rare fortune de durer.

La France entière, on peut le dire, était représentée alors à Saint-Nicolas en la personne des descendants des plus illustres familles, et l'éducation chrétienne et virile qu'ont reçue là les fils des Croisés mêlés aux enfants des familles obscures qui venaient s'y préparer au sacerdoce, cette éducation a été cause que dans les rangs des premiers se sont recrutés des hommes qui se sont rendus utiles à leur pays, et que, parmi les autres, l'Église compte encore un grand nombre de prêtres qui, eux aussi, à l'exemple de leur illustre maître, n'ont pas coopéré sans honneur à l'œuvre de Dieu. Une association fraternelle les réunit encore aujourd'hui. M. Postel tint plus tard à grand honneur d'en faire partie, et il fut un de ceux qui applaudirent le plus à cette utile fondation.

Un des plus remarquables élèves de M. Dupanloup aura été l'abbé Postel. Cinq années de sa vie d'écolier se passèrent sous la direction de l'illustre maître. Elles affermirent sa vocation ecclésiastique en complétant son éducation littéraire ; elles furent, il nous l'a souvent dit, les plus belles années de sa vie. Jusqu'à la fin, il a conservé pour son éminent supérieur un souvenir reconnaissant et attendri, n'ayant jamais été de ceux qui pratiquent à l'endroit de leurs bienfaiteurs l'indépendance de cœur qui s'appelle l'ingratitude.

III

Au mois d'octobre 1842, Victor Postel ayant terminé sa rhétorique entrait au grand séminaire d'Issy. L'étude de la philosophie attirait par certains côtés son esprit curieux et avide de connaissances nouvelles, mais elle le déconcerta au début par ses abstractions. Son imagination vive, mobile, toujours en éveil, eut un peu de peine à s'habituer à la méthode de ces nouvelles études ; mais sa rare facilité d'assimilation eut assez promptement raison des premières difficultés, et s'il ne fut pas un des plus brillants disciples des métaphysiciens, il tint, grâce à son bon sens, une place honorable parmi ses condisciples en philosophie. Le côté subtil des thèses n'était pas celui qui l'attirait le plus ; comme tous les bons esprits, c'était par les larges expositions de doctrine qu'il aimait à entrer dans l'examen des questions d'école ; il acceptait tout simplement le système de son auteur classique sans se refuser toutefois de le discuter, mais, en définitive, se soumettait à l'autorité du maître, ce qui est la meilleure méthode pour apprendre quelque chose.

Le séjour de Victor Postel au séminaire d'Issy fut pour lui un temps de grande ferveur. On le voit d'après son journal qu'il avait commencé dès l'année précédente et qu'il continua sans interruption jusqu'à l'avant-dernier jour de sa vie. Dans ce recueil extrêmement curieux, il a écrit sa vie tout entière, jour par jour, presque heure par heure. Il faut avoir lu ces pages pour connaître à fond celui qui les a écrites. Il est là tout entier avec tous les événements grands ou petits de son existence. Chaque page exprime avec une sincérité dont on est grandement frappé, quand on a connu l'abbé Postel, le sentiment, l'impression du moment; sentiment et impression souvent modifiés ou effacés par la page suivante, pour reparaître ensuite, s'expliquer et se compléter, se rétracter ou se contredire, image de la mobilité qui est le fond de la nature de l'homme, « cet être ondoyant et divers »; mobilité dont on n'a pas toujours le courage de convenir vis-à-vis de soi-même et plus rarement la franchise de s'accuser devant les autres. Prendre au passage, pour les fixer immédiatement, les mille et mille pensées qui traversent à chaque instant l'esprit, c'est assurément se livrer à un curieux exercice d'observation sur soi-même; mais si cet exercice a l'avantage d'exprimer la réalité à un moment donné, elle a l'inconvénient de ne pas rendre la vérité avec autant d'exactitude, de même que les images photographiques qui peuvent bien reproduire en un seul jour cent physionomies différentes du même sujet, mais qui n'arrivent jamais au genre de ressemblance que la peinture est seule capable de donner. Encore est-il nécessaire que le peintre fasse poser longuement son

modèle, qu'il se reprenne incessamment à corriger son œuvre, afin de fondre en une seule expression les expressions diverses qu'il aura saisies.
Il aura ainsi composé un portrait dont on dira :
il est vivant. Quoi qu'il en soit, la lecture du journal de M. Postel nous aura donné une grande
facilité pour le peindre tel qu'il a été. La vérité de
sa nature, sa ressemblance, ce n'est pas son impression de chaque jour ; on s'exposerait à le
juger tout autre qu'il était, si on lui appliquait
rigoureusement cette mesure. Faisant la part de
sa sensibilité, de son imagination, de la vivacité
de ses impressions et aussi des causes diverses
qui ont influé sur ses jugements et ses récits,
comme la maladie, les chagrins de famille, les
préoccupations et les contrariétés du moment,
ses déceptions et ses espérances, et le fond de
mélancolie qu'il portait partout et qui se laissait
voir même au milieu de ses accès de gaieté, faisant, dis-je, cette appréciation équitable, le journal de l'abbé Postel demeure dans son ensemble
une œuvre de sincérité, d'honnêteté et de cons-

cience. Ces pages, qui commencent toujours par
la prière et qui s'inspirent des sentiments les
plus édifiants de foi et d'humilité, rappellent par
un grand nombre d'endroits les *Confessions* de
saint Augustin, et reflètent partout une âme limpide, transparente, toujours occupée du désir
d'une perfection plus grande, d'une union à
Dieu plus intime, d'une fidélité plus étroite à
tous les devoirs de la vie ecclésiastique.

C'est l'impression qui résulte de la partie du journal qui se rapporte au temps de son
séjour au Grand-Séminaire de Saint-Sulpice. Nul
séminariste ne fut plus attaché que l'abbé Postel
à cette vénérable maison, plus docile aux conseils de son directeur, plus attentif aux remon-
trances du condisciple qu'il avait choisi pour
« moniteur », comme on dit à Saint-Sulpice, et
qu'il chargeait de l'avertir de ses moindres infrac-
tions au règlement.

Chacune de ses retraites était l'occasion d'une
revue sur lui-même, d'une discussion sévère de
tous ses actes, de toutes ses paroles, de toutes ses

pensées, dans le but de rendre de plus en plus sa vocation conforme aux grands exemples de vertu qu'il avait sous les yeux. « Il n'y a rien de si élevé dans la vertu à quoi je ne doive prétendre, disait-il, dès les premiers jours de son entrée à Saint-Sulpice, et il n'y a pas de faute si légère que je ne doive m'efforcer d'éviter ; il n'y a pas de chute si grave après laquelle j'aie le droit de me décourager, car je ne suis pas seul, mais la grâce de Dieu est avec moi. » Aucun effort ne lui coûtait pour conserver cette grâce, pour l'augmenter. « La monition d'aujourd'hui, disait-il, le 2 février 1846, m'a remis sous les yeux un défaut qui me tyrannise. Ardent et impétueux, caractère violent, extrême, tranché, je me jette à corps perdu dans une conviction ; je ne puis concevoir qu'on ne la partage pas ; je n'ai ni tolérance, ni équité ; de là, des paroles quelquefois offensantes, du moins toujours vives ; de là, l'isolement dans lequel je vis et que je supporte avec peine. Ma mauvaise nature en est cause. »

Cette discussion de lui-même s'étendait à tout.

Chacun des actes de la journée y passait. L'ordre et la symétrie qu'il mettait dans sa vie extérieure, il les établissait dans ses exercices de piété, dans l'examen de ses défauts et de ses fautes, dans les pratiques de dévotion, dans les pénitences qu'il s'imposait pour se punir de ses manquements, dans la note exacte qu'il prenait de ses victoires sur son défaut dominant, et aussi de ses défaites sur un point spécial de vie intérieure, sur sa fidélité à une résolution prise à l'oraison, sur l'emploi de son temps, sur ses rapports avec ses condisciples, en un mot sur tout l'ensemble de sa vie dont chaque détail semblait être à chaque instant présent à sa mémoire et dont il se préoccupait pour l'améliorer, pour le modifier dans le sens d'une perfection plus haute et d'une communion plus intime à l'esprit de Notre-Seigneur Jésus-Christ, modèle éternel de la vie du prêtre.

La vénération qu'il avait pour ses maîtres n'avait d'égale que sa docilité d'enfant à leurs moindres avis. Nul n'était plus pénétré que lui de la vérité du célèbre éloge de Fénelon : « Je ne

connais rien de plus vénérable et de plus apostolique que Saint-Sulpice. » Nul n'a répété si
souvent cette parole aussi vraie aujourd'hui qu'il
y a deux siècles. Toute sa vie, il fut fidèle au
culte de sa jeunesse sacerdotale, et il le fut dans
des circonstances où cette fidélité était presque
un acte de courage. C'est ainsi que l'abbé Postel
poursuivait ses études de théologie et s'achemi-
nait vers le sacerdoce.

Très assuré de sa vocation, il était moins fixé
sur sa voie véritable au sortir du séminaire. Un
instant il songea à entrer dans un ordre religieux
et à se faire missionnaire. D'autres fois, ramené
vers les souvenirs de son pays natal, il méditait
d'y demander à son évêque une cure de campagne. Un presbytère champêtre, entrevu à travers
les séduisantes descriptions qu'en ont faites les
poètes, lui paraissait la demeure la plus enviable
pour un prêtre, et le ministère dans un village, la
plus consolante des fonctions. Il décrit même
quelque part le presbytère et l'église de ses rêves:
le presbytère aura un grand jardin; on y vivra

en famille et on y recevra de temps en temps des amis. L'église sera ombragée par de grands arbres, peut-être par les survivants de ceux qui furent autrefois plantés sous Henri IV, par le prévoyant Sully, et qui ont encore fière mine là où les orages et les révolutions les ont respectés. Naturellement les paroissiens seront bons, affectueux et simples. Le futur curé a déjà en vue le cours d'instructions populaires qu'il leur fera, et il jouit d'avance du bien qui doit en résulter. Il n'oubliera pas les pauvres, les malades et les affligés, il faut bien qu'il y en ait, même dans une paroisse modèle, mais par sa charité pour tous, il sera vraiment le pasteur et le père de sa -paroisse. Tous le béniront et il aura la joie de les ramener tous à Dieu.

Nous n'inventons pas ces descriptions, nous ne faisons qu'en grouper les éléments dispersés en plusieurs endroits du « journal » de l'abbé Postel.

Rêves heureux d'une imagination de vingt-cinq ans ! Faculté précieuse de se composer ainsi un idéal auquel on finit par croire, jusqu'au moment où l'expérience vient vous rappeler aux réalités de la vie !

Ce qui est certain, c'est que l'abbé Postel aimait la campagne avec passion et qu'il avait dès lors pour les grandes villes, et surtout pour Paris, une répulsion qu'il a gardée toute sa vie, en dépit de retours qui ne duraient guère, et de repentirs qui se rétractaient promptement.

La cause principale de cette mobilité d'impressions et de projets était le mauvais état de sa vue déjà affaiblie dès le Petit-Séminaire, et que le régime de Saint-Sulpice était loin d'avoir améliorée. On ne se doute pas de quel poids cette infirmité a pesé sur toute sa vie. Les souffrances qu'elle lui causait et surtout la terreur qu'il avait de devenir aveugle lui ont donné une agitation incessante et un indomptable besoin de changer de climat et d'occupation, dans l'espoir de trouver quelque part une guérison qui le fuyait toujours.

Dès le séminaire de Saint-Sulpice, il commença cette lutte. Il eut le bonheur de n'y pas succom-

ber, car, malgré l'affaiblissement graduel de
ses yeux encore aggravé par d'immenses lectures
et de prodigieux travaux de plume, Dieu lui fit la
grâce de lui épargner la suprême épreuve de la
cécité. L'abbé Postel, presque chaque semaine,
en compagnie de l'abbé de Ségur qui eut plus
tard le saint héroïsme de remercier Dieu de l'avoir
fait aveugle, allait à la consultation d'un oculiste;
presque chaque jour il se soumettait à des traitements et à des remèdes incommodes ou douloureux, confiant tour à tour, ou découragé, suivant
l'effet produit. « Je le jure, écrivait-il dans son
journal, je ne deviendrai aveugle qu'à mon corps
défendant, dussé-je me tuer par les remèdes et
m'endetter jusqu'à la fin de mes jours. Non, mon
Dieu, vous ne permettrez pas cette horrible afflic-
tion! Non, mon Dieu, ce n'est pas possible! » Il
a été fidèle à son serment. Ce qu'il lui en a coûté
d'argent et de peines, ce qu'il a fait de voyages dans
ce but, ce qu'il a essayé de traitements, surtout,
et ceci est au grand honneur de sa foi, ce qu'il a
fait de prières, de neuvaines, d'actes de pénitence,

de pèlerinages, ceux-là seuls le savent qui ont été ses confidents. Rien de plus étonnant que l'indomptable constance dont il a fait preuve dans ce but.

Un de ses meilleurs amis, un de ceux qui l'ont le mieux connu, rendait cette infirmité responsable de certaines imperfections de sa nature. « Elle nuisait chez lui, disait-il, à l'observation des hommes. Clairvoyant, habile, dans la direction des âmes, à raison de sa haute droiture, il observait moins dans la vie extérieure, parce qu'il voyait imparfaitement. Il lui arrivait souvent ainsi de se heurter à des travers de caractère et à des difficultés qu'il n'avait pas aperçues à temps, et son esprit habitué à penser sous cette sorte de voile ne percevait pas toujours les indices sur lesquels il est nécessaire de régler sa marche quand on vit avec les hommes. Il avait alors des surprises cruelles, et son excellent cœur, pour s'être donné trop tôt, en a conservé de longues blessures. »

’EST le 18 décembre 1847 que l’abbé Postel fut ordonné prêtre. Sa vocation au sacerdoce, certaine depuis son entrée au Petit-Séminaire, n’avait eu aucune hésitation pendant son séjour à Saint-Sulpice. Il l’avait discutée avec la délicatesse de conscience qui convient aux âmes élevées comme la sienne, et, rassuré par son directeur, il avait suivi docilement les différents appels aux ordres, se remettant à Dieu de bénir son obéissance.

Son excellente mère, éloignée de lui par les circonstances que nous avons racontées, prenait occasion de chacun de ses pas vers le sacerdoce pour lui envoyer des conseils qui font autant d'honneur à sa rare piété qu'à son expérience et à sa tendresse.

Elle lui écrivait le lendemain du sous-diaconat : «Je conçois tes craintes, ta frayeur même, en te chargeant du bréviaire ; moi-même, j'en ai été effrayée, puis consolée par la pensée que tu as choisi la meilleure part. J'ai réfléchi bien souvent comme toi à l'importance de tes nouvelles obligations ; mais dis-moi, quel engagement n'est pas important ? Assurément ce n'est pas celui du mariage, j'en sais quelque chose. O mon Dieu ! que tu t'es épargné de tortures de cœur ! Non, mon ami, tu ne seras pas un mauvais prêtre, puisque tu crains de le devenir. »

Mme Postel n'eut pas la consolation d'assister à la première messe de son fils. « O mon Dieu ! lui écrivait-elle quelques jours auparavant, quel bonheur pour moi si j'étais témoin d'une si sainte action accomplie par tout ce que j'ai de plus cher au monde ! Mais comme ce jour-là je prierai Dieu pour toi, afin que tu remplisses tes devoirs en bon prêtre, en véritable prêtre ! Je con-

nais, je comprends toute l'importance de ta mission, mais prends courage, mon fils, l'homme
peut tout quand Dieu est avec lui. Tu m'as dit
plusieurs fois que ta première messe serait pour
moi ; mais n'oublie pas aussi d'en dire pour ton
père, pour le mien, pour tes sœurs, pour tes
frères, pour tous ceux qui m'ont obligée. J'ai
trouvé en Russie des personnes bien dévouées et
que je vénérerai toute ma vie ; je les recommande
aussi à tes prières. »

Le 19 décembre, l'abbé Postel disait sa première messe dans la chapelle du Petit-Séminaire
de Notre-Dame des Champs, où il professait depuis le mois d'octobre une classe élémentaire. Il
a noté dans son journal jusqu'aux moindres circonstances du jour à jamais mémorable où il
monta au saint autel pour la première fois. En
l'entendant parler lui-même on comprend encore mieux à quel point cette âme était sacerdotale : « Ma première pensée à mon réveil, écrit-il,
a été celle du bonheur qui m'attendait. J'ai fait
ensuite une oraison, ou plutôt une suite d'orai-

sons jaculatoires ; les larmes ont plusieurs fois mouillé mes yeux : larmes de crainte, de confusion, de bonheur. Enfin, je me suis avancé au saint autel pour offrir le sacrifice redoutable. Il m'avait semblé que l'émotion m'empêcherait de poursuivre, mais je n'étais pas ému ; j'étais hors de moi, incapable de sentiments autres que ceux de l'étonnement et de la crainte. Je ne savais presque pas ce que je faisais. A neuf heures, je suis remonté chez moi, mais dans une disposition de cœur ineffable par sa douceur. O Dieu, que j'étais heureux ! Pourquoi faut-il que l'âme soit sujette à de perpétuels changements et que ne puis-je demeurer toujours ce que j'étais alors !

« J'ai employé mes premiers moments libres à écrire à l'ange de ma vie, à ma bonne mère. Qu'avais-je de mieux et de plus pressé à faire ! Ma bonne mère ! que n'était-elle donc là !... et mon bien-aimé frère !... Oh ! avec quel cœur je les ai bénis ! »

C'est ainsi que se passa pour l'abbé Postel le grand jour de sa première messe.

Cependant sa mère continuait de lui faire de maternelles recommandations sur la manière dont elle comprenait qu'un prêtre doit s'acquitter de son ministère. « Surtout, mon cher enfant, que la modération soit ton partage. Bien souvent, le trop de zèle gâte tout. Remarque bien que ni l'esprit, ni la pureté de l'âme et des intentions ne sauraient tenir lieu d'expérience ; c'est par la mienne que je te dis ces choses. » Elle ajoutait plus tard : « Que tes sermons soient basés sur la bonté et la miséricorde de Dieu. Crois-moi, débute par là. C'est une grande science que de savoir s'y prendre de la bonne manière. Un faux zèle détruit tout. La douceur de Jésus-Christ pour les pécheurs, du temps qu'il était sur la terre, doit régler ta conduite. Suis ce divin modèle. »

C'est après la lecture de ces lettres que l'abbé Postel écrivait dans son journal : « J'ai senti se réveiller tout mon amour pour celle qui m'a donné la vie. J'ai frémi à la pensée qu'elle puisse mourir avant que je l'embrasse. O mon Dieu ! ne le permettez pas, au nom de votre divine mère Marie. Retranchez plutôt dix ans de ma vie, mais que je revoie ma tendre mère et que nous continuions ici de passer ensemble quelques années de pur bonheur avant la grande séparation. Qu'il est doux d'avoir une mère et d'en être aimé! Oui, ma bonne mère! nous nous réunirons un jour; nous vivrons dans une sainte et inaltérable affection; de mère à fils, de fils à mère, pas de lien plus fort que l'amour. Vous avez tant fait pour moi! En attendant, ô ma mère! je vais transcrire les précieuses lignes que vous m'avez si souvent adressées. Puis-je mieux employer mes loisirs qu'à ce précieux travail? »

Ces sentiments de pitié filiale reparaissent presque à chaque page du journal de l'abbé Postel. Nul fils ne fut plus aimant, et peu de mères se sont montrées plus virilement tendres.

Trois mois avant l'ordination à la prêtrise, ainsi que nous l'avons dit plus haut, l'abbé Postel avait été envoyé par l'administration diocésaine au Petit-Séminaire de Notre-Dame des Champs où on lui confia la classe de sixième.

Il trouva dans ces fonctions de quoi satisfaire son goût pour l'enseignement, bien que sa mauvaise vue, l'obstacle de toute sa vie, eût peine à s'accommoder des rigueurs de la surveillance disciplinaire d'une classe de jeunes enfants.

Un grave événement politique, la révolution de Février 1848, interrompit brusquement sa carrière et fut pour lui le début d'une nouvelle vie. Le Petit-Séminaire venait d'être licencié; le personnel des maîtres avait dû être réduit à cause de la pénurie des ressources; les conditions primitives de l'entrée de l'abbé Postel se trouvaient dès lors profondément modifiées. Il préféra ne pas subir les conséquences du nouvel état de choses et attendit quelques mois à Paris le résultat de démarches qu'il avait entreprises quelques jours après la révolution de Février pour obtenir une place de précepteur. Dans sa pensée, cette position ne devait être que provisoire; elle fut en réalité l'occupation de plus de vingt ans de sa vie.

L'abbé Postel avait vu dans le mouvement po-

pulaire qui mit fin à la monarchie de Juillet
l'accomplissement de prophéties auxquelles plusieurs bons esprits d'alors ne craignaient pas
d'ajouter foi. Son imagination aidant, il fut
toute sa vie dans la disposition de craindre ou
d'espérer pour les affaires de ce monde des coups
d'État de la Providence, venant à époque déter-
minée, dénouer les difficultés de la politique. Le
côté mystique de sa nature se plaisait dans ces
spéculations, et, tout en y gardant une complète
soumission au jugement de l'Église, sur la réalité
des apparitions et des prédictions jugées miracu-
leuses, il avait à se défendre de son penchant à
étendre leur interprétation.

Ardent en politique comme en tout le reste, il
eut du moins le mérite rare de la constance dans
ses opinions. Bien avant la révolution de Février,
il s'était montré en toute occasion l'adversaire
résolu du régime introduit par la révolution de
Juillet. Légitimiste convaincu, c'était à la restauration du comte de Chambord qu'allaient toutes
ses aspirations, toutes ses affections et toutes ses

espérances. La chute du roi Louis-Philippe ne le troubla donc pas, mais les conséquences au moins immédiates de cette chute l'effrayèrent; aussi, il reçut avec satisfaction la nouvelle que M. le comte de Maricourt, consul général de France à Messine, l'agréait pour précepteur de ses enfants, sur la présentation d'un Père jésuite, le Père de Montesson, auquel l'abbé Postel avait été recommandé.

La perspective d'un magnifique voyage et d'un séjour dans une des plus splendides contrées de l'Europe, et aussi l'espoir que le climat du Midi serait favorable à ses yeux dont l'état l'inquiétait toujours, firent un instant diversion au regret qu'il avait de s'éloigner de son pays. Ce regret fut grandement adouci par les égards qu'on lui témoigna dans la famille du consul de France, et aussi par la facilité de sa tâche auprès de jeunes enfants dociles, bien élevés et fort attachés à leur maître, qui était d'ailleurs plein de dévouement pour eux.

Il faut lire dans les lettres de l'abbé Postel l'enchantement de ses premiers mois de séjour en Sicile. Cette contrée, où la civilisation grecque a laissé une si forte empreinte, lui rappelait à chaque pas ses souvenirs classiques. « J'ai plus pratiqué là Homère et Virgile, écrivait-il, que je ne l'ai jamais fait dans mes classes. Alors, j'admirais de confiance les Grecs et les Romains ; en Sicile, j'ai commencé à les comprendre ; cela m'a beaucoup aidé depuis pour les expliquer. » Il ne se lassait pas d'admirer les splendeurs de la végétation, la limpidité du ciel, la magnificence de l'horizon et cette mer d'azur si différente de l'océan noir ou verdâtre qu'il avait entrevu autrefois en Bretagne, par un ciel sombre et à travers une tempête.

Messine d'abord, puis les autres villes de la Sicile qu'il visita successivement, l'intéressèrent par leur histoire, par leurs monuments, par leurs ruines, par leur aspect général si différent de celui des villes de France, par les mœurs des habitants, en un mot, par tous les attraits qui captivent les voyageurs ayant l'imagination et la culture intellectuelle de l'abbé Postel. Un de ses premiers ouvrages, intitulé *la Sicile*, rend compte de ses premières impressions avec une chaleur de style qui assigne à cette œuvre de jeunesse un rang à part entre toutes celles qu'il composa depuis.

L'abbé Postel n'avait échappé à la révolution en France que pour la retrouver à Messine. Il habitait cette ville depuis trois mois à peine, lorsqu'éclata une révolte contre l'autorité du roi de Naples, qui mit aux prises les troupes royales avec les milices de l'insurrection, et ne se termina que par le bombardement de la ville. C'est le dimanche 3 septembre à 7 heures du matin qu'il commença. La famille du consul de France, prévenue à temps, s'était réfugiée à bord d'une frégate française, *le Panama*. Le consul était resté à Messine pour protéger ses nationaux ; l'abbé Postel tint à y rester avec lui, dans la pensée que son ministère pourrait être utile. Il courut là de véritables dangers et il fit preuve d'un grand sang-froid et d'un courage qui alla même jusqu'à la

témérité. Aux observations qu'on lui faisait, il
répondait gaiement : « Je suis curieux de voir ce
que c'est qu'un bombardement. » Il dit la sainte
messe à l'heure ordinaire dans l'église voisine du
consulat. A l'offertoire une bombe tomba sous
le porche; une autre éclata près de la porte. Il
s'ensuivit une panique que l'abbé Postel eut
beaucoup de peine à calmer; puis, il continua la
messe sans autre incident. A la sortie de l'église,
ce fut un autre péril; la rue était encore moins
sûre. Au milieu des projectiles qui sifflaient au-
dessus de sa tête, l'abbé Postel aida à ramasser
des blessés, à transporter un mort, fut mis en
joue plusieurs fois par les insurgés, mais ne con-
sentit à quitter la place que lorsqu'il fut évident
pour lui qu'il n'y pouvait plus rester. Le *Panama*
sur lequel il vint enfin chercher asile était encombré par un grand nombre de réfugiés à demi
morts de peur, de fatigue et de faim. « J'ai fait
mon devoir jusqu'au bout, disait un des principaux chefs à l'un des officiers du *Panama*, mais
maintenant tout est perdu. — Monsieur, lui ré-

pondit l'officier français, vous avez un roi, gardez-le ; nous serions bien heureux, nous autres, d'en avoir un. »

La conduite de l'abbé Postel, en cette circonstance, fut si appréciée, que le consul de France prit l'initiative de demander pour lui la décoration de la Légion d'honneur. Un changement de ministère, qui se fit alors, ajourna indéfiniment la conclusion de l'affaire qui était en excellente voie au mois de décembre 1848, et tout près d'aboutir.

 la suite des événements de Messine,
M. de Maricourt dut, sur l'ordre de son
gouvernement, se transporter à Naples,
avec les archives du consulat. Voir Naples
était un des rêves de l'abbé Postel. Il y arriva
deux jours avant la fête de Saint-Janvier. La
ville, bruyante en tout temps, est à cette date
plus tumultueuse que jamais. C'est sous cet
aspect que l'abbé. Postel la jugea. Il se félicita pourtant de l'occasion unique qui lui était
donnée de vénérer les reliques de saint Janvier et d'être témoin du célèbre miracle de la
liquéfaction du sang. Il fut si frappé de ce qu'il
vit, qu'il conçut à l'instant l'idée d'un livre : *le
Miracle de saint Janvier*, publié quelques

années après, et l'un des plus substantiels de ceux qu'il fit depuis. C'est à la fois une dissertation théologique sur les miracles et un examen critique du fait. Nous ne croyons pas qu'on ait publié rien d'aussi complet sur la matière. Ce fut le jugement de l'archevêque de Naples, auquel l'abbé Postel fit plus tard hommage de son livre. Le prélat fit présent à l'auteur d'une médaille d'or, en témoignage de sa satisfaction, et même recommanda l'ouvrage à ses diocésains.

L'admiration de l'abbé Postel pour l'incomparable baie de Naples était sans bornes. Son journal l'exprime avec un accent presque lyrique, et qui pourtant, disait-il, n'atteignait pas au niveau de son enthousiasme. Ce n'est pas qu'il ne fît des réserves sur les mœurs du pays et la tenue des habitations; mais ce ciel toujours bleu, cette nature à la fois si riante et si majestueuse, parlaient fortement à son imagination; il n'hésitait pas à déclarer que Naples était le plus beau pays du monde. Il est vrai qu'il avait déjà porté le même jugement sur la Sicile. Plus tard, il en dira au-

tant de l'Andalousie. Chacune de ses impressions
modifiait la précédente, sans toutefois la faire
oublier ; mais son heureuse faculté de jouir pleinement de la beauté d'une nature splendide le
maintenait constamment dans le ravissement.

Son séjour à Naples lui donna la tentation de
faire un voyage à Rome. A peine avait-il franchi
la porte de Saint-Jean-de-Latran, qui est celle par
laquelle on vient de Naples, qu'il apprit l'assassinat de M. de Rossi. C'était le 16 novembre : la
révolution débutait ainsi, et devait aboutir quelques jours plus tard à la fuite du pape et à son exil
à Gaëte. Rome était dans une grande agitation ;
des placards incendiaires affichés de toutes parts,
la garde nationale fraternisant avec la troupe, la
grande popularité du Pape encore affirmée par
les acclamations de la rue, au moment même où
on égorgeait son ministre au palais de la Chan-
cellerie, et outragée le lendemain par les bandes
populaires qui sillonnaient Rome en tous sens ;
des manifestations en faveur de la religion alter-
nant avec des cris de révolte ; Mgr Palma, secré-

taire des lettres latines, tué d'un coup de fusil à une fenêtre du Quirinal, et presque sous les yeux du Pape; le Pape lui-même, tour à tour applaudi ou insulté par une foule qui lui demandait sa bénédiction, ou parlait d'enfoncer les portes de son palais; enfin, toute la mise en scène d'une émeute qui commence, et qui n'est encore sûre ni d'elle-même, ni des desseins de ses chefs: voilà le spectacle que présenta Rome à l'abbé . Postel, le jour même où il y arriva. Son désir ardent, encore excité par les circonstances et les mouvements de la rue, était de voir le Pape, ne fût-ce qu'une minute, et d'obtenir une bénédiction. Le moment n'était pas bien choisi; le saint Père avait suspendu toutes ses audiences, et une consigne rigoureuse écartait de ses appartements quiconque était étranger au service du palais. L'abbé Postel ne se rebuta pas: éconduit plusieurs fois, il eut enfin la pensée d'écrire directement au Pape. « Très saint Père, lui disait-il, un jeune prêtre français, qui a fait le voyage de Rome exprès pour recevoir la bénédiction de

Votre Sainteté, n'hésite pas à Lui écrire humblement qu'il ne se consolerait jamais d'être privé de ce bonheur.

« Très saint Père, malgré la gravité des circonstances, malgré les refus de tous ceux qui approchent Votre Sainteté, ma filiale piété espère encore. »

L'abbé Postel avait dissimulé sa lettre sous des chapelets et des objets de piété qu'il avait apportés pour les faire bénir ; mais pouvait-il espérer que le saint Père la lirait ? Mgr Médici, camérier, auquel il s'ouvrit de son embarras, en le suppliant de lui venir en aide, se contenta de lui répondre : « C'est de toute impossibilité, Monsieur ; les circonstances sont très graves ; le Pape ne reçoit personne ; je ne puis me charger de votre lettre. — Cependant, Monseigneur, reprit un prélat qui assistait à l'entretien, c'est un prêtre français, faites-lui donc cette grâce. — Eh bien ! voyons votre lettre. » L'abbé Postel la remit. Mgr Médici la lut... « C'est bien comme cela, dit-il, revenez à trois heures et demie, j'obtiendrai que vous soyez admis à baiser les pieds du saint Père. » A cette faveur, le Pape en ajouta une autre, celle d'entretenir quelques instants, et de la manière la plus paternelle, ce jeune prêtre français, qui lui était présenté dans une telle circonstance. Il daigna plus tard se souvenir de cette visite et la rappeler à l'abbé Postel.

Le but du voyage à Rome était atteint. L'abbé Postel n'y était resté que huit jours, mais pendant ce temps, il avait voulu tout voir, et, au prix de grandes fatigues, il y avait réussi. Ses notes de voyage se ressentent de la rapidité de ses visites. Sa mauvaise vue le privait du plaisir délicat d'apprécier à fond les œuvres d'art ; d'ailleurs, il n'était pas préparé à les apprécier. Incomplètement renseigné sur les notions qui viennent en aide à la critique d'art, ses jugements en cette matière se ressentaient de l'imperfection de ses études. Plus frappé de l'aspect d'un ensemble que de la valeur des détails, c'était par la symétrie de leur ordonnance ou par la grandeur de leurs proportions

qu'il jugeait les œuvres d'architecture, les seules
dont il rende un compte exact dans ses impressions de voyage, car c'étaient les seules que ses
yeux lui permissent de saisir.

Il revint de Rome pour reprendre à Naples
ses occupations auprès des jeunes fils de M. de
Maricourt. Dans l'intervalle, il avait pris l'initiative d'écrire au roi de Naples pour implo-
rer sa clémence souveraine en faveur·des malheureux prisonniers de Messine, détenus au château
de l'Œuf, et dont les journaux s'occupaient alors
pour signaler à l'opinion les mauvais traitements
auxquels ils étaient en butte. Que les journaux
eussent exagéré, c'était certain : pourtant, plusieurs abus s'étaient produits, qui avaient pu
donner une couleur de vraisemblance à leurs récits. Il paraît que la lettre de l'abbé Postel ne
passa pas inaperçue, bien que le consul de
France eût dû s'abstenir de la recommander.
A dater de ce moment, le régime de la prison
fut amélioré, et plusieurs des insurgés obtin-
rent la revision de leur dossier, quelques-uns

même leur grâce entière, ou la remise partielle de leur peine. Il faut ajouter que la lettre avait été précédée d'un article sur le bombardement de Messine, inséré d'abord dans les journaux de France, traduit ensuite par les journaux d'Italie, et qui avait fait sensation par certains détails qui n'avaient pu être donnés que par un témoin oculaire. Ce témoin était l'abbé Postel. Le succès de son article ne dut pas être étranger à l'heureux effet de sa médiation un peu hardie auprès du roi de Naples.

. A mois de janvier 1849, l'abbé Postel fit, avec la famille de Maricourt, le voyage de Gaëte, et eut l'honneur d'une audience du Pape, qui le reconnut et le félicita de sa belle conduite pendant le bombardement de Messine, car le consul de France avait tenu à informer le saint Père du dévouement qu'avait montré le précepteur de ses fils.

L'excellent consul était sur le point de quitter Naples, où il reçut, quelque temps après, sa nomination au poste de consul général de Séville.

Il y avait un peu plus d'un an que l'abbé Postel faisait l'éducation de ses enfants ; des rapports de confiance et d'intimité s'étaient établis entre la famille de Maricourt et lui ; des deux côtés on voyait arriver avec peine le moment de la séparation. Enfin, au mois de juillet 1849, l'abbé Postel se décida à retourner en France.

Il avait profité de son séjour en Italie pour apprendre à fond la langue, et il la possédait assez pour la parler avec aisance, si bien qu'il fut capable de prêcher à Naples sans trop faire remarquer son accent. Il avait aussi traduit en français plusieurs ouvrages de piété ; il méditait plus tard d'autres travaux de ce genre et préludait ainsi aux publications si nombreuses qui ont rempli sa vie.

VI

Tout heureux qu'il paraissait être de rentrer en France, l'abbé Postel ne pouvait se défendre des préoccupations qu'autorisait l'état des affaires publiques. Depuis l'établissement du nouveau gouvernement, il ne paraissait pas que la paix et l'union tant promises à la proclamation de la République eussent fait les progrès annoncés si bruyamment. Bien au contraire, les partis se divisaient de plus en plus, et, quoique la Chambre fût en majorité conservatrice, les éléments de désordre qu'elle renfermait ne rassuraient personne sur la durée du régime et laissaient tout le monde incrédule sur la réalité de ses bienfaits. L'abbé Postel, pour qui les questions politiques ne furent jamais indifférentes, envisageait avec appréhension l'avenir de la France et demeurait fort inquiet de la situation qui l'attendait à Paris.

L'archevêque, Mgr Sibour, lui promit cependant de s'occuper de lui et tint parole en lui envoyant un titre de vicaire de la paroisse de Montreuil-sous-Bois. L'abbé Postel avait toujours rêvé d'habiter un presbytère à la campagne, mais ce n'était pas dans la banlieue de Paris, ni surtout à la porte des fortifications qu'il le plaçait ; tout au contraire, il s'effrayait singulièrement d'avoir là son habitation, et, s'exagérant les difficultés du ministère dans les paroisses suburbaines, il se prit à regretter les fonctions qu'il venait de quitter et qu'il aurait dépendu de lui de conserver encore quelques années. Cette pensée devint une véritable obsession, lorsqu'au retour d'un voyage en Normandie, son pays natal, où il avait passé une partie de l'automne, il reçut de M. de Maricourt, installé depuis peu à Séville, une lettre pressante où on le suppliait de revenir. L'invitation du consul lui parut une indication de la Providence, et Mgr Sibour, auquel il la communiqua, ne fit point de difficulté de lui accorder un nouveau congé.

Il se mit alors à penser qu'il était temps que sa bonne mère se rapprochât de lui. D'ailleurs la santé de Mme Postel souffrait sérieusement du climat de la Russie, et les médecins lui conseillaient un séjour dans le Midi. La résolution de l'abbé fut bientôt prise. Sa mère viendrait le rejoindre à Séville. Comme on désirait le revoir dans la famille de Maricourt, il ne faisait nul doute que son plan ne fût agréé. C'est en effet ce qui eut lieu. Il allait donc enfin retrouver sa mère; ce serait sans doute en pays étranger, mais sa seule présence auprès de lui lui rendrait une patrie.

C'est dans ses pensées qu'il arriva à Séville. Sa première impression fut un profond désenchantement. Il avait lu tant de descriptions enthousiastes de l'Alcazar, de la Giralda, des bords du Guadalquivir, qu'il supposait trouver une ville de palais; « mais, écrivait-il deux jours après, cette cité qu'on dit si merveilleuse n'a qu'une réputation usurpée. Il est vrai que le climat y est d'une grande douceur, et le ciel d'une constante pureté. C'est une compensation qui a son prix. Quant à nous, enfermés dans une triste maison, sans fenêtres à l'extérieur, et où l'on s'introduit par une porte qui ressemble à une entrée de cave, nous passons notre temps à penser à Naples, et à regretter Pouzzoles et Portici. » Quelques semaines plus tard, il écrivait : « Ce pays-ci est un exil et une contrée barbare. Quelle indigne population ! Je me tiens emprisonné toute la semaine pour éviter les insultes de ces misérables. » Pourtant il s'accoutuma peu à peu à ces inconvénients qui lui paraissaient intolérables au début, faute de connaître suffisamment le pays, et il finit par trouver que les gens valaient mieux que leur apparence, à la condition qu'on leur parlât de manière à se faire comprendre d'eux ; il se mit donc à apprendre l'espagnol. Grâce à la pratique qu'il avait de l'italien, il réussit au bout de quelques mois à posséder suffisamment la langue pour la parler sans embarras. Six mois après son arrivée à Séville, il était déjà correspondant du journal conservateur *la Paz*, et y envoyait régulièrement des articles politiques ou des études de critique et de bibliographie. En même temps il traduisait un fort savant livre du théologien espagnol Louis de Léon, *Les noms de Jésus-Christ*, puis il écrivait des mémoires pour l'*Académie royale des belles-lettres* de Séville, qui lui fit plus tard l'honneur de lui envoyer un diplôme de membre correspondant.

Ces divers travaux ne l'empêchaient pas de donner tous ses soins à l'éducation des enfants de M. de Maricourt. L'époque de la première communion de l'un d'eux approchait; le zèle pastoral de l'abbé Postel se fit voir au soin qu'il prit d'y préparer son jeune disciple. C'est à cette occasion qu'il contribua à inaugurer à Séville une pratique qui s'est maintenue, nous le croyons du moins, dans une des paroisses de la ville. En Espagne et en Italie, la première communion n'est pas, comme en France une solen-

nité publique. Les enfants accomplissent ce
grand acte sans la pompe touchante dont il est
accompagné dans les paroisses de France, et surtout à Paris. L'abbé Postel, tout rempli des souvenirs de cette incomparable cérémonie à Saint-
Sulpice, où il avait fait le catéchisme, voulut
transporter ce vénérable usage à Séville, à l'occasion de la première communion de René de
Maricourt. La chapelle d'un couvent voisin du
consulat lui en offrait le moyen ; c'était la chapelle de l'ancienne maison professe des Jésuites,
la même où avait vécu comme maître des novices
le père Rodriguez, l'auteur de la *Perfection
chrétienne*. On fit des invitations à tous les con-
suls étrangers, à tous les Français résidents ; on
mit des tentures ; on chanta des cantiques ;
une illumination splendide termina la fête ; une
foule considérable vint à cette occasion et s'en
retourna très émue de ce spectacle absolument
nouveau à Séville. L'heureuse innovation de
l'abbé Postel fit quelque bruit, car il l'avait préparée par une série d'articles publiés dans *la Paz*,

et elle attira sur lui l'attention de l'archevêque, mis d'abord en défiance par certains curés de la ville contre les initiatives du « jeune prêtre français ». Peu s'en fallut que le prélat, qui s'était pris d'un grand goût pour le précepteur du fils de M. de Maricourt, ne le déterminât à faire partie de son diocèse.

On était au mois de juillet 1851. La mission de l'abbé Postel touchait à sa fin. L'Espagne ne lui faisait pas oublier la France, et même sous le ciel de l'Andalousie, il se prenait à regretter les aspects si différents de son pays natal, la Normandie. Enfin, il revint à Paris avec sa mère, accepta une place de vicaire à la paroisse de l'Abbaye-aux-Bois et en prit possession au mois d'octobre suivant.

Il s'établit rue de Sèvres, dans un logement modeste où il était plutôt campé qu'établi, et essaya de prendre son parti du bruit de Paris, de ses brouillards et de ses pluies, et surtout des dérangements incessants que le ministère des paroisses imposait à ses habitudes correctes de vie.

Mais quoi qu'il fit, il ne put réussir à com-
biner les exigences de ses nouvelles fonctions
avec ses projets de travail ; une maladie qu'il
fit dans le même temps n'était pas de nature
à l'encourager. Enfin, l'impatience naturelle
de son caractère ne parvenait pas à dominer
l'ennui qu'il ressentait de se voir isolé au
milieu de la foule et perdu au milieu du bruit.
L'état de ses yeux lui donnait aussi des inquiétudes. Ce fut même le motif principal qui
le détermina à ne pas prolonger l'expérience.
Ses supérieurs ecclésiastiques reconnurent eux-
mêmes que le motif n'était pas sans valeur. Ils
le laissèrent donc libre de suivre le parti qui lui
conviendrait le mieux. Il ne fut pas longtemps à
se déterminer. On venait de lui offrir une place
de précepteur dans la famille de Chabrol. Il accepta sans hésiter. « Et cependant, écrivait-il, ces
devoirs de précepteur m'effrayent ; il y a beaucoup à faire dans une famille où les principes
d'une éducation solide sont pratiqués et compris, mais quelle difficulté quand, chez les pa-

rents, l'aveuglement et la faiblesse marchent de pair, quand ils caressent les défauts de leurs enfants au lieu de les châtier pour les guérir, quand ils n'apportent dans l'éducation ni règle, ni méthode, ni fermeté de vues, lorsque le caprice prend la place de la raison, qu'une fausse tendresse supprime la fermeté et que les principes mêmes de la foi sont contredits tous les jours par la légèreté de la conduite! »

L'abbé Postel n'avait rien à craindre de pareil dans la famille où il entrait.

VII

Es six années que l'abbé Postel consacra à l'éducation du jeune Guillaume de Chabrol furent les plus paisibles de sa vie. Il conduisit son élève des premiers éléments du latin au diplôme du baccalauréat, et lorsqu'il eut achevé son œuvre, il put reconnaître qu'il y avait pleinement réussi, ayant contribué à former un grand chrétien, un noble caractère et un grand cœur. Il a plu à son cher disciple de rendre hommage à la manière dont l'abbé Postel le forma. « Il lui a fallu, écrivait-il, une patience à toute épreuve, un savoir-faire que j'admire encore pour me faire comprendre et aimer l'étude. J'étais à peine en septième à douze ans ; grâce à lui, j'étais bachelier à seize ans, après avoir été constamment le premier dans la

plupart de mes classes en composant avec le
lycée Charlemagne. Comme éducateur, il était
merveilleux; il apprenait tout d'abord à un enfant à travailler. Il le faisait en lui indiquant des
notions très simples, très peu étendues, mais très
exactes sur l'ensemble du sujet qu'il fallait apprendre; ainsi, il avait composé en dix pages
une chronologie de l'histoire universelle avant
Jésus-Christ. Une fois cette base solidement éta-
blie, il bâtissait sur elle l'édifice. » C'étaient
d'abord les faits importants, s'il s'agissait d'histoire; puis, on entrait dans les détails, mais dis-
crètement et sans l'appareil d'érudition dont on
encombre aujourd'hui les programmes. L'abbé
Postel estimait en effet comme tous les bons esprits qu'imposer cette surcharge à l'esprit d'un
enfant, c'est l'opprimer et l'étouffer à bref délai.
« Avec sa méthode au contraire, ajoute M. de
Chabrol, l'élève se trouvant toujours en pays
connu avait le plaisir de classer lui-même dans
des cases bien préparées les faits appris chaque
jour. Il se sentait toujours au-dessus de sa tâche,

jamais au-dessous. Tel était le but de l'abbé Postel, il ne craignait rien tant que l'effarement, le doute de soi et l'ennui amené par des études confuses. Une fois l'enfant maître de cette méthode, il lui demandait un travail très ordonné, ne laissant aucune place à la fantaisie, puis, lorsqu'il avait fait naître ainsi le goût de l'étude en la rendant facile, il laissait une grande liberté. J'avais deux jours par semaine pendant lesquels je pouvais étudier les sujets ou les auteurs qui me plaisaient, à condition d'y employer le nombre d'heures réglementaires ; ai-je besoin d'ajouter que je le dépassais toujours ?

« Il eût été d'ailleurs impossible de vivre auprès de lui sans apprendre le travail. Ç'a été là sa vocation, sa vertu, l'unité d'une vie qui peut-être en a un peu manqué sous d'autres rapports. Jamais un instant perdu, malgré les fatigues, je pourrais dire, les tortures que lui infligeaient sa vue toujours malade et une santé souvent ébranlée. Après une souffrance, après un chagrin, un froissement — son cœur délicat en ressentait

parfois, — il se remettait immédiatement au travail ; les manuscrits succédaient aux manuscrits,
tous d'une écriture fine et régulière, tous sans
ratures, sans interruptions, sans retouches. Il
écrivait comme il pensait et comme il croyait,
sans hésitation, sans doute sur son sujet, ni sur
sa méthode. »

Ses œuvres étaient d'un seul jet, il semblait
même par la tenue de son écriture qu'il n'eût jamais posé sa plume, et qu'il eût écrit des volumes
entiers, tout d'une haleine. Il faut ajouter qu'il
composait avec une extrême facilité. Tel de ses
volumes qui compte plus de quatre cents pages
lui a coûté à peine un mois de travail. A écrire
avec une telle rapidité, il arrive qu'on ne se réserve pas assez de temps pour faire des recherches,
pour creuser un sujet, pour en tirer complètement
parti, pour le faire valoir sous toutes les faces,
pour éviter les « longueries d'apprêt », comme le
disait le vieux Montaigne, enfin, pour donner à
une œuvre, même bien conçue, d'une bonne langue et d'un bon style, ce je ne sais quoi d'achevé

qu'ajoutent une revision patiente et le souci de se reprendre pour se corriger. « Vous avez tout ce qu'il faut pour composer un livre, écrivait à l'abbé Postel un de ses amis, et je trouve fort agréables et très utiles ceux que vous avez faits jusqu'ici, mais j'aurais pour vous une ambition, c'est que vous prissiez le temps de serrer votre composition. Que ne feriez-vous pas avec les dons merveilleux dont il a plu à Dieu de vous combler, si votre génie était fait de patience ! Votre plume coule de source, mais cette source, il faudrait l'endiguer ; à force de se répandre, elle déborde ; elle finirait même, si vous n'y mettiez ordre, par n'être plus assez profonde.

« J'entends d'ici ce que vous allez me dire : Le libraire vous attend ; certes, il a raison. Eh bien ! faites-le attendre. Songez qu'il y a derrière lui un public beaucoup moins pressé de jouir. Il vous pardonnera de venir un peu plus tard, si vous vous présentez à lui avec la tenue complète des auteurs qu'il aime, qu'il relit, qu'il recommande, et à qui il compose par son suffrage une renommée que vous avez déjà conquise, mais que je voudrais voir s'étendre encore davantage. »

Tout en convenant de la justesse de ces conseils, l'abbé Postel ne s'accommodait pas des délais qu'on lui recommandait. Trop vif pour être patient, plus curieux que chercheur, il était toujours pressé d'en finir avec la tâche qu'il avait commencée. Comme il avait une immense lecture, une faculté d'assimilation remarquable, une mémoire toujours prête, une grande habitude d'écrire, ses travaux, d'un goût très classique, d'une forme grammaticale irréprochable, — et, sous ce rapport, son attention allait jusqu'au scrupule, — laissaient à peine deviner la hâte vraiment prodigieuse avec laquelle il les avait composés. Il s'était fait une méthode pour avoir constamment sous la main les citations, les témoignages dont il avait besoin, et il les reproduisait avec beaucoup d'à-propos, surtout avec une grande abondance, trop grande peut-être, puisqu'elle nuisait parfois à

l'unité de sa composition. Ayant depuis longtemps l'habitude de prendre des notes sur toutes
ses lectures et même d'en copier les principaux
passages dans des répertoires, il avait sur une
multitude de choses du domaine de la littéra-
ture, de la science, de la philosophie, de l'histoire,
des idées ordinairement justes, si elles n'étaient
pas toujours complètes, et sa rare perspicacité
devinait souvent au delà de ce qu'il avait lu.

Le travail de composition était devenu pour
lui un impérieux besoin, presque une seconde
nature, si bien qu'il avait peine à concevoir
qu'un homme instruit et ayant du loisir employât
son temps à autre chose. Ce temps, il en était
avare, au point de se faire conscience d'en perdre
un seul instant. Lui en dérober une partie, c'était
attenter à sa propriété la plus chère. De composition facile sur bien des choses, on le savait in-
traitable sur ce seul point.

Plus tard il prit pour devise : Maintenant le
travail, et, à la fin, le ciel : *Nunc labor, denique
cœlum*; nulle devise ne fut mieux appropriée à

son règlement de vie. Rien ne pouvait le détourner d'accomplir en entier la tâche qu'il s'était
imposée pour sa journée. S'il avait résolu d'écrire
dix pages, — et quelles pages ! quelle écriture fine
et serrée, quoique toujours lisible ! — et qu'il eût
été dérangé par des visites et des occupations imprévues, il avait d'ingénieux moyens de rattraper
le temps perdu, fût-ce même aux dépens de son
repos. Il est aisé de comprendre à quels résultats
on arrive lorsque, pendant plus de trente ans, on
s'est assujetti à un pareil régime.

On s'étonnait de l'indomptable énergie avec
laquelle l'abbé Postel savait se commander à lui-
même, et plusieurs en ont cherché les motifs.
Ces motifs sont de nature différente : d'abord il
mettait une partie de sa vertu dans cet effort ; il
estimait, en effet, que le meilleur moyen de se
dompter, c'était un travail acharné. Il sentait
ensuite le besoin d'une puissante diversion
pour calmer l'inquiétude incessante que lui
causait l'état de ses yeux ; or, c'était justement en
les fatiguant à force de lire et d'écrire qu'il par-

venait à n'y plus penser. Il espérait, enfin, par
son travail relever le triste état où son père avait
laissé la fortune de sa famille. S'il pouvait au
moins procurer à sa mère une·aisance qu'elle ne
connaissait plus ; à son frère, un établissement
honorable ; à lui-même, une indépendance légitime, il se trouverait amplement dédommagé de
toutes ses fatigues. Dans ce calcul, la question
personnelle n'était que secondaire ; d'ailleurs, en
dépit de l'ordre rigoureux qu'il mettait dans ses
dépenses, il parvenait à grand'peine à tirer de son
travail un profit vraiment sérieux ; la principale de ses ressources était son traitement de
précepteur ; quant à ce qu'il gagnait avec ses
livres, il en employait la plus grande partie
à envoyer des secours à sa mère, à son frère,
à de vieux parents qui vivaient chétivement
dans son pays natal ; ce qu'il se réservait
pour lui était fortement entamé par les frais
énormes que lui occasionnèrent les divers
traitements qu'il essaya pour améliorer sa vue.
Sur ce point il fut vraiment prodigue. Rien ne

lui coûtait dès qu'on lui avait signalé un médecin, une opération, un remède, capables de le
guérir. Ce qu'il dépensa en voyages, en consul-
tations, en expériences de toutes sortes, pendant
près de quarante ans, ferait presque une fortune.

Peu habitué aux affaires, et surtout trop pressé
de les conclure, il lui arriva plus d'une fois de ne
pas tirer de son travail tout le profit auquel il
aurait eu droit. Pour n'avoir pas su se résigner à
attendre, même un seul jour; pour avoir voulu
précipiter des solutions qu'il convenait de réser-
ver, il allait au-devant des offres et subissait de
ce fait des conditions moins avantageuses. Les
nombreux traités qu'il a passés avec ses éditeurs
portent la trace de cette préoccupation.

C'est du séjour de l'abbé Postel dans la maison
de Chabrol que date le plus grand nombre de ses
productions littéraires. Il écrivait depuis plusieurs années dans des journaux et dans des recueils périodiques. Ses premiers essais avaient
été pour la *Revue de l'Ange Gardien* fondée par
le vénérable M. d'Exauvillez. Les articles qu'il y

publia avaient un relief qui fut remarqué. Cela donna aux rédacteurs en chef de l'*Ami de la Religion*, de la *Gazette de France* et du *Journal des Villes et des Campagnes* la pensée de lui demander de temps en temps des travaux. Il collabora au *Polybiblion*, à la *Chronique de l'Ouest*, à la *Sentinelle du Midi*; plus tard, il fut rédacteur en chef de l'*Echo de Notre-Dame d'Afrique*; entre temps, il écrivait dans différentes *Semaines religieuses*, dans celle de Nancy, par exemple, dont il fut pendant cinq ans le correspondant en titre. Mais le recueil qui lui doit le plus grand nombre de travaux, c'est la *Bibliographie catholique.*

Depuis l'année 1852, époque à laquelle commencèrent ses relations avec l'abbé Duplessy, alors directeur de cette importante Revue, jusqu'à l'année 1884, l'abbé Postel y a rendu compte de plus de mille volumes. Cela ne veut pas dire qu'il les eût tous lus d'un bout à l'autre, ce qui d'ailleurs n'est nullement nécessaire, et de plus n'entre guère dans les habitudes des journalistes;

mais il les possédait assez pour en faire une critique exacte, sévère quelquefois, toujours judicieuse, ingénieuse souvent, et, à part quelques réclamations de certains auteurs qui trouvaient qu'il en avait dit ou trop ou trop peu sur leur compte, une critique acceptée comme un jugement sérieux et qui l'était en effet. C'est dans cette Revue que l'abbé Postel entreprit plusieurs polémiques vigoureuses sur des points d'histoire ou d'érudition, ou même simplement sur des questions de grammaire, d'orthographe ou de philologie, notamment sur l'orthographe véritable du nom de sainte Thérèse. Il échangea à ce sujet avec le Père Bouix, auteur la *Vie* de la sainte, une série d'observations d'une verve étonnante. On a de lui toute une correspondance, presque un volume, au sujet de la suppression ou du maintien de la lettre *h*, et il éleva ce simple détail aux proportions d'une véritable dissertation, même d'un mémoire scientifique sur le génie de la langue espagnole et sur la valeur des aspirations de son alphabet. Il y ajouta des considérations très sensées sur la nécessité de sauver les traditions et de ne pas faire de concessions aux novateurs, quand il s'agit de protéger une langue, car sa polémique s'éleva à cette hauteur.

D'autres travaux, ceux-là plus importants, l'occupèrent de 1852 à 1858. Ce fut d'abord une *Histoire abrégée de l'Église* sur le plan de celle de Lhomond, mais plus complète et plus synthétique, livre vraiment précieux pour l'enseignement élémentaire ; puis, la vie de *Germaine Cousin*, alors déclarée Vénérable et dont le procès de béatification avait commencé ; vinrent ensuite : le *Dimanche sanctifié par la méditation du Saint-Évangile d'après les saints Pères ; la Religion expliquée à l'Enfance ;* des opuscules sur des *questions religieuses*, des petits *Traités populaires*, des études historiques sur *la France catholique ;* des ouvrages de piété, comme l'*Influence du culte de la sainte Vierge sur les destinées de la femme*, le *Saint temps de Carême sanctifié ,* puis, des traductions d'ouvrages italiens, comme la *Charité de l'Église*, par le cardinal Baluffi ;

5.

enfin des livres expressément composés en vue de l'instruction des enfants : la *Corbeille des douze légendes*, les *Après-midi du Bois-Thibaud*, le *Trésor historique du catéchiste*, le *Répertoire historique*, etc., etc. Ces œuvres préludaient à des travaux plus complets qui signalèrent son séjour à Rome, ainsi que nous le verrons dans la suite de cette notice.

VIII

Un esprit moins actif aurait succombé à
tant d'occupations venant s'ajouter aux
devoirs de tous les jours. L'abbé Postel
suffisait à tout. La composition de ses ouvrages
fut toujours pour lui l'accessoire; sa conscience
très délicate n'aurait pu s'accommoder du ren-
versement des rôles.

A mesure qu'il avançait dans l'expérience des
éducations particulières, il y apportait chaque
jour plus de soin. L'enfant qu'on lui confiait
n'était pas seulement pour lui une intelligence à
instruire; c'était une âme à élever, c'était une
conscience à former, c'était un chrétien qu'il
recevait de la main de Dieu et dont Dieu devait
lui demander compte un jour. Il était prêtre, il

n'aurait jamais pu se résigner à n'être que précepteur. Pour d'autres que lui, enseigner simplement le latin et le grec, les mathématiques et
l'histoire et le faire convenablement, c'est peut-
être assez pour être quitte avec son devoir : pour
lui, le devoir allait bien au delà.

Il avait appris de son illustre maître, l'évêque
d'Orléans, l'homme de ce temps qui avait eu sur
lui la plus grande influence, que l'éducation est
avant tout « une œuvre d'autorité et de respect ».
Ce qu'il avait vu pratiquer au Petit-Séminaire par
l'admirable éducateur de sa jeunesse, il l'appliquait à son élève, le formant à la piété, et à une
piété solide, par les exercices qu'il avait autrefois
suivis à Saint-Nicolas. Ainsi, la journée commençait toujours par la méditation ; si l'on était
près de l'église, son jeune élève assistait à sa
messe et la lui servait. Les études et les classes
débutaient invariablement par le *Veni Sancte*
et se terminaient par le *Sub tuum*. On les interrompait de temps en temps par des élévations à
Dieu ou par des réflexions pieuses sur les matières

de l'enseignement. Les auteurs de l'antiquité classique servirent bien souvent de texte ; c'est la méthode recommandée par saint Basile pour l'explication des poètes païens. La lecture spirituelle, quelques dizaines de chapelet, l'examen de conscience, une visite au Saint-Sacrement, des avis de piété et de direction, alternaient avec les récréations et le travail. Quand c'était jour de confession ou veille de communion, le zélé précepteur prenait encore plus de soin. Aucune fête, aucune époque ecclésiastique ne passait inaperçue. Il y avait des exercices particuliers pour le temps de l'Avent et du Carême ; pendant le mois de Marie, on était tout à la ferveur, à une sainte joie, à toutes les aimables et gracieuses industries de zèle qui, à Saint-Nicolas, faisaient de ce mois la fleur même de l'année.

Une éducation ainsi conduite pouvait paraître austère ; elle ne l'était nullement. L'abbé Postel avait l'art heureux de l'égayer par l'entrain qu'il mettait à partager les jeux de son élève, se faisant enfant avec lui pendant les récréations, devenant

même son compagnion, sans lui permettre toutefois
de le traiter en camarade. Ensemble, ils construi-
sirent dans un coin du parc du château une
sorte de maison rustique toute en briques, qu'ils
entourèrent d'un jardin. Avec un outillage de me-
nuisier que l'abbé Postel avait rapporté de Naples,
on avait équarri tant bien que mal une porte et des
châssis; on était même parvenu à les fixer et à
les faire tourner sur leurs charnières. Au fond,
on avait établi un banc rustique; chaque fois
qu'on s'y asseyait, on ne manquait pas de dire :
« Comme on est bien ici ! » Une eau vive coulait à
travers les plantations, savamment dirigée dans
un canal qu'ils avaient creusé à efforts communs
et enduit à l'intérieur d'une couche de terre glaise,
faute de ciment, lorsqu'ils s'étaient aperçus que
le lit du ruisseau tarissait deux ou trois fois par
jour. La besogne s'interrompait lorsque l'heure
de l'étude avait sonné; on s'y reprenait, aussitôt
après l'étude terminée : tout y gagnait, le travail
d'abord, dont l'occupation au jardin était la récompense, et ensuite le jardin qu'on entrete-

nait avec une ardeur au moins égale à l'application qu'on avait montrée à l'étude. Venaient ensuite les longues promenades, les voyages au bord de la mer, les séjours à Saincaize, dans le Nivernais, où la famille de Chabrol avait une nombreuse parenté, et, dans tous ces lieux, les occupations, les jeux, variaient suivant les occasions, toujours avec la même bonne humeur, toujours avec le même entrain.

Ce que l'abbé Postel se montra pendant l'éducation du jeune de Chabrol, il l'a été partout, avec la nuance particulière des circonstances où était placée sa vie, mais, partout aussi, son attachement à ses élèves a été profond; son dévouement leur a été acquis sans calcul et sans mesure. Il ne les a jamais oubliés malgré l'absence, la distance, le temps, malgré tout ce qui conspire ici-bas contre la constance des affections et la durée des souvenirs. Leur famille devenait pour ainsi dire la sienne; il y vivait à l'aise, discret et digne, fier et simple à la fois, et ne cessait d'entretenir avec elle des relations de confiance, lorsqu'il l'avait quittée. Tel il fut pendant ses vingt années de préceptorat, tel il resta toute sa vie. Sa grande droiture d'esprit et de cœur, sa loyauté parfaite, sa sincérité inébranlable donnaient à sa conduite la tenue dont elle ne s'est jamais départie.

IX

L E temps approchait où l'abbé Postel allait quitter l'excellente famille de Chabrol. Son élève venait de subir avec succès les épreuves du baccalauréat ; la tâche du maître était terminée.

A ce moment, le prince Borghèse désirait un précepteur pour ses enfants ; l'évêque d'Orléans, auquel il s'adressa pour le trouver, lui recommanda l'abbé Postel. Sous un tel patronage il fut immédiatement agréé.

On était aux premiers jours de mars de l'année 1858. Il fut convenu que l'abbé Postel partirait le lundi de Pâques pour Rome. Il y resta jusqu'en 1863.

Cette nouvelle et importante période de sa vie

débuta par une impression de tristesse. Il quit-
tait les larmes aux yeux la famille où il avait
passé près de six années. Qu'allait-il trouver
à Rome ? Sans doute, un bon accueil; il n'en
doutait pas, puisqu'il y était si bien recommandé, mais il abordait l'inconnu, mais il
aurait à recommencer par les éléments une nouvelle éducation. Quand pourrait-il donc enfin se
fixer, mettre un terme à tant d'agitations et as-
seoir définitivement sa vie !

C'est sous cette impression qu'il arriva à Rome.
Il avait bien auguré de l'accueil qu'on lui ferait;
aussi fut-il bientôt à la confiance, presque au
contentement. La famille Borghèse était nombreuse, et un autre précepteur ecclésiastique par-
tageait ses fonctions avec l'abbé Postel. Ils vécu-
rent tous deux dans les meilleurs rapports, même
dans l'intimité, ce qui ne contribua pas peu à
faire accepter à l'abbé Postel les nouvelles conditions dans lesquelles il engageait une fois de
plus sa liberté.

Pour un esprit vif et curieux comme le sien,

Rome était, à cette époque surtout, un séjour extrêmement agréable, et la maison princière des
Borghèse, où les étrangers de distinction de
tous les pays de l'Europe et du monde se
donnaient rendez-vous, un lieu d'observation infiniment intéressant par les informations qui venaient y aboutir sur la politique générale, sur les affaires religieuses, sur l'état des
esprits à Rome et en Italie, en un mot sur tous
les sujets qui occupaient si fortement l'abbé
Postel.

L'attentat d'Orsini sur la personne de l'empereur, au mois de janvier 1858, paraissait dès lors,
pour les bons esprits, devoir inaugurer une politique nouvelle de la France, vis-à-vis du Saint-
Siège et des princes souverains de l'Italie. Pourtant, rien ne transpirait encore des projets qui
devaient s'accomplir l'année suivante; mais on
pressentait vaguement que la situation était
grave et qu'elle ne pourrait se dénouer que par
un coup de force.

L'incident du congrès de Paris de 1856, suscité

par M. de Cavour et qui aboutit au protocole
menaçant que l'on connaît, était gros de périls ;
on s'en aperçut, le 1er janvier 1859, aux paroles
significatives de l'empereur à l'ambassadeur
d'Autriche : c'était la guerre à bref délai. Elle fut
en effet déclarée au mois d'avril suivant.

L'abbé Postel suivait avec anxiété la marche
des événements, qui lui paraissaient devoir aboutir fatalement à une catastrophe. Il jugeait que
la situation des États de l'Italie, celle des États
pontificaux, et même l'équilibre européen, en
seraient gravement compromis ; on pensait ainsi
au palais Borghèse. L'événement donna raison à
ces prévisions, malgré l'optimisme d'une fraction
de la noblesse romaine et l'enthousiasme avec
lequel le parti italien, qui a toujours existé à
Rome, avait salué les victoires de nos soldats.

Ce milieu de Rome, si tranquille alors et qui
semblait un oasis véritable au milieu de l'Europe, était très favorable à l'étude ; aussi l'abbé
Postel se remit avec ardeur à sa tâche d'écrivain. Il fit si bien, qu'après deux ans de séjour,

il put déposer aux pieds du Pape trente-cinq
volumes de ses œuvres déjà parues. Il est juste
de dire que toutes n'avaient pas été compo-
sées à Rome. *È una vera biblioteca !* s'écria
Pie IX, tout en lisant les titres des volumes que
lui présentait son camérier. Cette bibliothèque
allait encore s'accroître; mieux que cela, elle
devait avoir encore plus de mérite, car les œuvres
qui datent de ce temps ont une maturité que
les travaux précédents laissaient pressentir. Le
style y a plus de plénitude et de mesure; les
sujets y sont traités avec plus de largeur et de
fermeté.

L'abbé Postel avait commencé une œuvre
gigantesque qu'il se vit forcé d'interrompre : la
traduction de la *Somme de saint Thomas*. Arrivé
en treize mois seulement à la moitié de son travail, mais devancé par une autre traduction, il
renonça à publier la sienne; il s'en félicita depuis.
Mais son éditeur, avec lequel il avait pris des
engagements, lui suscita des difficultés, et même
le menaça d'un procès. Ce fut pour lui un gros

ennui. Il se contenta de plaider, non pas devant
les tribunaux, mais en faisant appel à la loyauté
du libraire, la cause de sa santé surmenée par une
application excessive et l'impossibilité d'arriver
à temps pour devancer la concurrence; devant
cette juridiction il gagna son procès. A part lui,
il convenait franchement qu'il avait été insuffisamment préparé à une si colossale entreprise par ses études antérieures de théologie,
et qu'il avait bien fait de l'abandonner. Au
lieu de traduire saint Thomas, il préféra l'expliquer, et il le fit en se préparant au doctorat,
dont il subit les épreuves, le 22 mai 1859, avec
un succès qui lui valut du P. Modéna l'éloge
extrêmement flatteur « qu'il serait à désirer que
tous les candidats fussent aussi préparés que lui. »
La thèse principale était la « primauté du Pape ».
Il s'en tira avec honneur, et dans une langue
facile, précise et correcte, dans ce beau latin de
l'enseignement théologique à Rome, ce latin
dont les Français ont tant de peine à se rendre
maîtres. L'abbé Postel le parla devant ses juges

avec un très pur accent romain, et ce fut un succès de plus.

Après sa thèse, il se reprit à écrire. Les *Lectures du matin*, les *Instructions du soir*, *la Femme parfaite*, *l'Évangile du pécheur*, datent de cette époque. Il préludait par ces opuscules à des œuvres de plus longue haleine, telles que : une *Étude sur Voltaire philosophe, citoyen, ami du peuple*, étude pour laquelle il trouva les plus précieux enseignements dans la riche bibliothèque de l'ancien évêque de Luçon, Mgr Baillès, qui vivait retiré à Rome. Vinrent ensuite l'*Histoire de la vénérable Marie-Christine de Savoie ;* puis, *Rome dans sa vie intellectuelle, dans sa vie charitable, dans ses institutions populaires.* Les recherches qu'il fit pour ce dernier ouvrage lui furent grandement facilitées par Mgr Bastide, fort au courant des choses de Rome, et qui était alors aumônier en chef des troupes de l'armée française d'occupation. L'abbé Postel fréquentait cet aimable prélat et ne se défendait pas du goût qu'il avait pour sa spirituelle conversation et ses con-

naissances variées, encore que, sur bien des points,
ils ne fussent pas toujours d'accord. C'était surtout sur les questions de liturgie qu'ils avaient de
fréquentes discussions. Les habitudes françaises
de l'abbé Postel, quelques-uns même disaient
ses tendances gallicanes, avaient peine à s'accommoder des rites de la liturgie romaine, et il ne
nous en coûte pas de convenir que ses apprécia-
tions sur ce point manquaient parfois de justesse
et de mesure. Chose curieuse ! il ne se rendait
pas suffisamment compte, même au simple point
de vue de l'esthétique, de la grandeur et de la
simplicité des cérémonies romaines. Il les jugeait d'après des idées préconçues et était trop
porté à les ramener au type incomplet et faussé
que leur avaient donné des innovations fâcheuses
introduites dans l'Église de France, surtout depuis un siècle. Il lui était impossible, on le comprend, d'amener Mgr Bastide à ses idées, et il en
résultait entre ces deux hommes, tous les deux
très spirituels, des polémiques dont le bruit alla
souvent au delà du cercle étroit de leur intimité.

Pour se reposer de ses discussions, l'abbé Postel se reprenait encore à écrire; il traduisait la *Journée spirituelle, Diario spirituale*, le pieux *Traité de Pinelli sur l'Eucharistie*, l'*Histoire de la Madone de Spolète*, une dissertation sur *les Miracles de la Vierge de Rimini*, le *Beau livre de Pinamonti sur les exercices de saint Ignace*, la *Vie du vénérable Rossi;* enfin, il composait l'*Ange de la première Communion*, l'*Ange de la Confirmation*, deux ouvrages dont le succès dure depuis plus de quinze ans, et où il a mis son cœur, sa piété, son expérience, son amour de l'enfance et la longue pratique qu'il avait de la science du catéchiste.

C'est à l'occasion du premier de ces deux ou-vrages que Mgr Dupanloup lui écrivait : « J'ai trouvé dans votre livre ce qu'on ne trouve pas tou-jours dans les livres de ce genre, un fond solide de doctrine sous une forme pleine d'intérêt et de vie. Vous avez voulu faire de la première communion une préparation à la vie chrétienne, et vous avez très bien compris que, pour cela, deux choses sont

6

nécessaires : instruire d'abord, donner une base
ferme à la foi, et puis, former à la piété solide.
J'ai été charmé de voir comment, par l'ingénieux
tissu de la fiction qui sert de cadre à votre livre,
vous amenez naturellement, à chaque jour, à
chaque heure, selon les incidents variés de la
vie d'un enfant en famille, les divers actes de
piété qui préparent votre jeune néophyte à la
grande action qu'il doit faire, et font pénétrer,
peu à peu, les habitudes chrétiennes dans sa vie.
Tout cela, non sous la forme austère d'un enseignement direct, mais à travers un dialogue aisé,
vif, aimable, qui entraîne le lecteur, et quelquefois aussi, peut-être, l'auteur lui-même. Et tout
cela encore, avec beaucoup de faits et d'histoires.
Vous savez mon goût pour les *histoires*, mais je
les veux toujours frappantes, édifiantes et bien
racontées. Je ne puis me faire garant de toutes
les vôtres, mais celles que j'ai lues m'ont beaucoup plu. En somme, je pense, mon cher ami,
que vous avez fait là un bon livre, et utile aux
catéchistes non moins qu'aux enfants eux-

mêmes. Vous annoncez pour faire suite à cet ouvrage : *le Bon Ange de la confirmation.* Hâtez-vous de faire descendre encore du ciel ce *bon ange;* et si, comme je n'en doute pas, il ressemble à celui que vous venez de nous montrer, ces deux anges-là pourront bien, quand ils se rencontreront au ciel, avoir beaucoup d'enfants à y introduire. »

Plus tard, l'infatigable abbé Postel faisait paraître : le *Psautier de Marie,* les *Ames du purgatoire,* la *Veuve chrétienne,* le *Trésor du catéchiste,* sans parler d'un grand nombre d'opuscules qui alternaient avec les ouvrages de longue haleine. Il se reposait de ses volumes en publiant des brochures, ou plutôt il ne se reposait jamais, étant toujours en recherche de quelque nouveau travail. Sa réputation s'établissait sur le succès réel de ses livres; c'était presque la célébrité qui commençait; il était désormais courtisé par les mêmes éditeurs auprès desquels il avait été solliciteur à ses débuts.

Malgré tant de travaux, en dépit de ses nombreuses relations à Rome et des dérangements fréquents qu'elles lui imposaient, l'abbé Postel continuait à être auprès des fils du prince de Borghèse le précepteur dévoué qu'il avait été chez M. de Chabrol. Son plan d'études dut se modifier, d'après la différence des programmes, puisque ses jeunes élèves suivaient les cours du Collège Romain. Il renonça donc aux méthodes françaises qu'il avait suivies jusque-là, mais il les garda complètement dans l'enseignement du catéchisme qu'il faisait suivant la tradition de Saint-Sulpice et avec tant d'intérêt, que toute la famille Borghèse, les Salviati, les Adolbrandini, les la Rochefoucauld d'Estissac venaient les suivre avec leurs enfants. Il avait ainsi un auditoire de vingt ou trente personnes. On chantait des cantiques comme à Saint-Sulpice. Il y avait, après la récitation du catéchisme, le *jeu du bon point;* puis, l'instruction, claire, bien divisée, méthodique et mêlée fort agréablement d'interrogations et d'histoires ; ensuite, le compte rendu des rédactions religieuses, des avis de direction; enfin, une homélie et une prière terminaient le tout. Dans l'homélie, il mettait tout son cœur, tout son zèle sacerdotal, s'inquiétant encore plus de former des âmes à la piété solide que de faire des chrétiens instruits de leur religion et capables d'en rendre compte. Le bien qu'il fit par là fut considérable. A mesure qu'il avançait dans la vie, son cœur de prêtre s'élargissait et ses qualités pastorales donnaient d'elles-mêmes une plus complète mesure. Il était vraiment prêtre; il l'a été, jusqu'à la fin, aussi bien pour lui-même que pour les âmes qui lui ont été confiées.

C'est ainsi que sa vie se passait dans le somptueux palais Borghèse et dans les résidences d'été où l'on venait se reposer des ardeurs du soleil de Rome, tantôt au bord de la mer, à Nettuno ou à Porto d'Anzio, tantôt à Frascati, lieu qu'il affectionnait au-dessus de tous les autres, à cause de ses admirables aspects, de ses forêts majestueuses et des splendeurs de son horizon. On était là à peu de distance de Castel-Gandolfo,

6.

maison de campagne du Pape. Grâce à cet auguste voisinage et aussi à la suppression de l'étiquette qui règle à Rome les audiences du Saint Père, l'abbé Postel avait la joie de voir souvent Pie IX qui recevait les visites des familles nobles des environs et daignait à son tour les visiter avec autant de dignité que de bonhomie. Dans ces occasions, l'abbé Postel composait des compliments que récitait au Pape le plus jeune fils du prince Borghèse, et où il mettait une grâce naïve et surtout des audaces enfantines dont le Pape s'égayait beaucoup.

X

Pendant ce temps, les événements se pré-
cipitaient ; la guerre d'Italie portait ses
fruits ; d'un bout à l'autre, la péninsule
était en feu. La Sicile et Naples étaient déjà aux
mains de Garibaldi ; le grand duché de Toscane,
les duchés de Modène et de Parme étaient enva-
his, leurs souverains en fuite ; enfin, les Légations
et les Romagnes venaient d'être occupées malgré
la promesse solennelle faite au début de la guerre
que le domaine temporel du Pape serait respecté.
L'opinion honnête en Europe et dans le monde
entier commençait à s'émouvoir de ces usurpa-
tions, et le gouvernement français, impuissant ou
complice, laissait déchirer sous ses yeux le traité
de Villafranca et discuter la légitimité de la pos-

session dix fois séculaire du pouvoir temporel du Pape, se bornant à des protestations stériles et à des promesses qui ne devaient pas plus aboutir que ses menaces. Cependant, des brochures vengeresses dénonçaient ces iniquités au monde. On sait la part glorieuse qui revint à l'illustre évêque d'Orléans dans cette mémorable campagne. Le retentissement prodigieux de ses protestations indignées contre les victoires insolentes de la force ébranlaient l'Europe entière et Rome surtout. Jamais la cause sacrée du Pape n'avait eu un si vigoureux défenseur.

Ces luttes passionnaient l'abbé Postel; il s'y associait par des publications et des articles de journaux où débordait le sentiment douloureux qui l'oppressait à la vue de tant d'iniquités.

« Le trait dominant de son caractère était la droiture, écrivait celui de ses élèves qui l'a le mieux connu; là où il avait reconnu le véritable droit, le devoir, il allait sans hésitation et ne s'arrêtait pas aux nuances. Son esprit n'admettait pas d'intermédiaire entre ce qu'il faut affirmer et ce qu'il faut nier. Sur ce point il semblait être d'une seule pièce.

« Il n'aurait pas hésité à tout sacrifier pour la défense du droit. La cause du Pape comme celle de la monarchie légitime était la sienne ; c'était sa croyance, son propre domaine qu'il défendait ; il ne pensait pas y avoir grand mérite et il n'a jamais songé à en demander une récompense ; il ne comprenait pas d'ailleurs qu'un soldat pût être un courtisan, ni qu'un ami dévoué dût être un flatteur. »

C'est dans ces disposition, qu'il fut à Rome le témoin attristé des erreurs et des fautes de la politique française qui sacrifiait le domaine temporel de la Papauté tout en proclamant bien haut son respect et sa vénération pour le Pape, et qui favorisait l'unité de l'Italie, cette unité qui devait aboutir plus tard, au prix de quelles humiliations et de quels désastres ! à celle de l'Allemagne.

Quelles émotions ne causa pas à l'abbé Postel l'héroïque campagne de Castelfidardo ! avec quelle douleur il apprit la défaite des glorieux combattants qui tombèrent sur le champ de bataille, victimes du droit et de l'honneur !

Presque à chaque page de son journal, ce sentiment déborde en exclamations, en mots indignés, en protestations pleines d'amertume, et même en expressions qui dépasseraient la mesure, si la nature des attentats qu'il déplorait n'avait pas dépassé elle-même toute limite.

Ainsi s'écoulèrent les années 1861 et 1862, les dernières de son séjour à Rome. Cette Rome où il aurait voulu vivre plus longtemps, le temps approchait pour lui de la quitter. Il allait laisser derrière lui les relations les plus agréables avec ce que la prélature et la société romaine avaient de plus distingué : c'était un gros sacrifice.

Son grand mérite apprécié à sa valeur véritable lui avait ménagé les amitiés littéraires les plus honorables, ainsi que l'admission dans un grand nombre d'associations savantes, et l'avait mis presque de pair avec les plus illustres de leurs membres. L'*Académie des Quirites* lui avait ouvert ses portes dès le mois d'avril de l'année 1859. Au mois d'avril de l'année suivante, il avait été reçu membre de l'*Académie de la Religion catholique*. Vers la fin de l'année 1861, cette célèbre société lui avait voté une médaille d'argent à l'occasion de son livre sur *Voltaire* dont il lui avait fait hommage. Dans l'intervalle, l'*Arcadia* de Rome lui décernait un diplôme, et, selon les usages de cette compagnie dont chaque membre doit siéger sous le nom d'un berger d'Arcadie, l'abbé Postel avait choisi le nom symbolique de *Polyandre*. Il appréciait tous ces honneurs, mais nul n'en fit moins d'étalage et ne triompha avec plus de modestie.

Enfin, en 1863, arriva le temps fixé par l'abbé Postel à son séjour dans la famille Borghèse. Il reprenait la route de France le 9 juillet. L'avant-veille, il voulut revoir les horizons incomparables qui dès le premier jour avaient si fortement frappé son imagination. Il monta à Saint-Onuphre d'où l'on a une vue si merveilleuse de Rome, puis au Janicule et à la fontaine Pauline;

il revit la villa Pamphili, redescendit plein d'émotion ces pentes qu'il avait si souvent gravies, et, après une dernière prière à la confession de Saint-Pierre, il se prépara au départ. Le 11 juillet, il était à Paris. Une nouvelle vie allait commencer.

XI

ONSEIGNEUR Darboy était archevêque de
Paris depuis quelques mois. Il connaissait l'abbé Postel, le tenait en véritable
estime, appréciait ses travaux, le tour original de
son esprit et faisait grand cas de ses qualités sacerdotales; aussi, accueillit-il favorablement sa
demande de rentrer enfin dans le diocèse. Il
le nomma troisième vicaire à Saint-Thomas-
d'Aquin, ne faisant pas difficulté, pour un sujet
de ce mérite et de cette vertu, de lui tenir compte
de son âge et des années qu'il avait passées en
dehors du diocèse dans les fonctions du préceptorat. C'est le 15 août 1863 qu'il s'installa. Son
curé, M. de Beauvais, avait été son ancien maître
au Petit-Séminaire. Homme d'infiniment d'es-

prit et d'une rare délicatesse de cœur, il avait de
plus d'éminentes qualités pastorales. De tous les
curés de Paris, c'était celui sous la direction duquel M. l'abbé Postel aurait le mieux aimé à travailler; aussi, dès ses premiers rapports avec lui,
il sentit diminuer son appréhension d'aborder de
nouveau le ministère des paroisses de Paris; mais
ses premiers sentiments devaient bientôt reprendre le dessus. Il avait loué au numéro 68 de
la rue de Grenelle, presque en face la fontaine monumentale de cette rue, un apparte-
ment convenable et disposé pour recevoir sa
mère qui avait accepté de venir habiter avec lui.
Mme Postel, depuis son retour d'Espagne, s'était
d'abord fixée au Mans, puis dans un couvent
d'Argentan où elle vivait paisiblement depuis
dix ans et où elle comptait finir ses jours. Malgré
le calme profond dont elle jouissait dans cette
solitude, elle n'hésita pas à répondre à l'appel de
son fils. Elle le trouva dans une grande préoccupation d'esprit. Il y avait douze ans que l'abbé
Postel avait quitté la paroisse de l'Abbaye-aux

Bois; depuis ce temps, et malgré les dépendances de la vie de précepteur, il avait joui d'une liberté raisonnable. Ses longs séjours, d'abord à la campagne, puis à Rome, dans le vaste palais Borghèse où il était si largement installé, lui rendaient fort pénible la nécessité d'habiter l'étroit logement où il allait désormais passer sa vie. Il avait eu le temps d'oublier en Italie le ciel brumeux et le bruit des rues de Paris; il les retrouvait dans des conditions que son imagination s'exagéra dès les premiers jours. Sa santé ne tarda pas à subir le contre-coup de ses impressions. La mère n'était guère mieux préparée que le fils à cette vie si nouvelle pour tous les deux. L'âge de Mme Postel lui rendait très pénible un changement si complet d'habitudes et elle s'effrayait de plus d'avoir à tenir une maison, car depuis longtemps elle ne connaissait plus ce genre de souci. Tout en rassurant l'abbé, elle ne se sentait guère plus de courage que lui. Les moindres détails du ménage devenaient pour elle un sérieux tracas, et les incidents les plus ordinaires de la vie

de chaque jour se transformaient presque en événements, ou du moins étaient une cause incessante de
préoccupations. Cependant la mère et le fils s'ex-
hortaient mutuellement à la patience, mais sans
y réussir plus l'un que l'autre. « La puissance et
l'action de mon imagination, écrivait à ce moment l'abbé Postel dans son journal, dépassent
toutes les bornes, il y faut mettre un frein. » Mais
hélas! tous ses efforts y échouèrent. Ce n'est
pas que le ministère paroissial eût pour lui des
difficultés : il prêchait avec une grande facilité
d'élocution ; il avait une longue habitude des catéchismes, et quoique l'immobilité que lui imposait le confessionnal eût des inconvénients pour
sa santé, à la longue il aurait fini par en prendre
son parti. Mais ce à quoi il ne pouvait s'accou-
tumer, pas plus à Saint-Thomas-d'Aquin qu'à
l'Abbaye-aux-Bois, c'était aux assujettissements
de chaque heure qui bouleversaient complètement ses habitudes correctes, son plan de vie
presque symétrique. Son excellent curé, ses amis
avaient beau le raisonner, lui conseiller d'atten-

dre, de patienter, lui représenter l'inconvénient
de changer une fois de plus de position, lui dé-
montrer que les assujettissements dont il se plai-
gnait n'étaient rien au prix des dépendances
qu'il avait dû subir pendant ses années de préceptorat, ils ne parvenaient pas à le convaincre ;
ou bien, lorsqu'il était obligé de convenir de la
justesse de leurs observations, il se rejetait sur la
profonde répugnance que lui inspirait le séjour
de Paris ; ce tapage de jour et de nuit lui faisait perdre le sommeil et l'appétit ; sa santé
était ébranlée, comment pourrait-il dès lors avoir
assez de force pour remplir ses fonctions? D'ailleurs, convenait-il à son âge de faire une seconde
fois ses débuts, même dans une paroisse comme
Saint-Thomas-d'Aquin, et avait-il bien les qualités
de son nouvel emploi? Sans doute, il aurait dû
faire toutes ces réflexions avant de revenir à
Paris, mais pouvait-il prévoir les tristesses qui
l'y attendaient? Et puis, la santé de sa mère dé-
clinait tous les jours ; déjà souffrante à Argentan,
elle disait bien haut qu'elle ne pourrait jamais se

remettre, qu'il lui fallait le calme, le grand air,
le repos à la campagne ; que ses occupations de
maîtresse de maison étaient au-dessus de ses
forces. Voir souffrir son excellente mère sans
pouvoir la soulager ; se dire que c'était à cause de
lui qu'elle souffrait, était un nouveau tourment
pour l'abbé Postel, et le plus cruel de tous. Il
n'y tint plus, lorsque, vers le commencement de
novembre, sa mère tomba malade. En peu de
jours son état devint si grave, que le médecin
donna le conseil de l'administrer. Cette femme
énergique, cette grande chrétienne reçut la nouvelle avec le plus grand calme : elle voulut que
son fils lui donnât les derniers sacrements. Tout
tremblant d'émotion, le visage inondé de larmes,
il se rendit au dernier désir de sa mère qui eut la
force de l'encourager, de le consoler, lui fit ses
dernières recommandations avec une admirable
présence d'esprit, et expira entre ses bras, dans la
matinée du 11 novembre.

L'abbé Postel fut tellement abattu par cette
épreuve qu'il craignit, pendant quelques jours,

de n'y pouvoir survivre. « Ma mère! ma pauvre mère! s'écriait-il, je crains d'avoir abrégé votre vie en vous parlant trop de mes tristesses. Vous me cachiez bien les vôtres, oh! ma pauvre mère! pardonnez-moi! » Après avoir conduit le corps de sa mère à sa dernière demeure, dans le cimetière de Lignon, près Couterne, où elle avait exprimé la volonté d'être réunie à son mari et à ses enfants, il essaya de faire diversion à sa douleur en écrivant les souvenirs que lui laissait la vie de cette vénérable femme. De ces notes rassemblées à la hâte, est sorti plus tard un beau livre, le meilleur peut-être que l'abbé Postel ait publié et qu'il n'a pas voulu signer de son nom : *Une femme forte et une chrétienne : Histoire contemporaine*, par Eusèbe de la Renière. Rien de touchant comme ces pages inspirées par l'amour filial, et, s'il y a quelque chose qui les dépasse en émotion, ce sont les derniers conseils de cette excellente mère à ses deux fils ; ils y sont reproduits tels qu'elle les écrivait quelques jours avant sa mort. « Je vous engage, mes enfants, leur

disait-elle, à toujours vous aimer, à vous res-
pecter, à vous protéger l'un l'autre et à vous consulter. Vivez en paix ; pensez quelquefois à votre
mère qui vous aime au delà de toute expression.
Que le Seigneur vous bénisse de plus en plus,
mes bien-aimés enfants ! » Plus loin, elle leur
recommandait la patience, la mansuétude, l'indulgence. « Il faut, mon très cher enfant, — c'est
à l'abbé qu'elle s'adressait, — il faut que je t'en-
seigne ce qui m'a préservé de bien des inconsé-
quences, et même de bien des fautes, pendant le
cours de ma vie ; c'est la pensée que j'avais bien
commencé et que, par conséquent, je devais bien
finir. Oh ! que cette pensée réjouit le cœur dans la
vieillesse ! Tu ne te fais pas une idée comment,
quand on est vieux, toutes les actions de la vie
reviennent en foule à la pensée ; on y voit clair
comme dans un miroir. Moi qui éprouve cette
impression, je t'en avertis, mon cher enfant,
afin que tu n'aies, sur le déclin de tes jours, que
des souvenirs qui réjouissent ton âme. » Venaient
ensuite des conseils sur la charité, sur l'amour

fraternel : « Aime les pauvres, mon enfant, les plus malheureux sont ceux qui ont le plus besoin de consolations. Sois ami de ton frère. Aime-le d'abord comme ton frère, et ensuite comme un véritable ami ; ne l'abandonne jamais, non seulement lui, mais ses enfants, si Dieu lui en donne ; prends-les tous sous ta protection. »

Nous abrégeons ces citations. De telles pages, écrites sous le regard de Dieu, dictées par l'amour maternel, sont au rang des plus belles qui soient sorties du cœur d'une mère.

On comprend le vide que fit dans l'âme de l'abbé Postel la perte d'une mère si accomplie. Sa résolution de quitter Paris devint dès lors une obsession de tous les jours. Son curé lui-même comprit qu'il n'y avait plus lieu de la combattre.

Mgr Darboy, mis au courant par l'abbé Postel lui-même qui lui ouvrit son cœur comme à un père, daigna lui écrire de sa propre main :

« Je regrette bien sincèrement, Monsieur l'abbé, que votre santé vous oblige à prendre le parti que vous me faites connaître. Recevez mes condoléances pour cette épreuve que Dieu vous envoie, et laissez-moi me plaindre de ce qu'il me faut renoncer à vos bons services.

« Votre lettre est pleine de sentiments dignes d'un prêtre, et cela me rend d'autant plus sensible à la perte qui me menace; mais étant données les conditions de santé et d'avenir que vous dites, je n'ai pas le droit de vous garder à votre détriment; c'est pourquoi je consens, à regret, à votre départ.

« Agréez, Monsieur l'abbé, avec tous mes regrets, l'assurance de mes sentiments affectueux et dévoués,

« † GEORGES,

« Archevêque de Paris. »

M. de Beauvais, prévenu officiellement par l'administration diocésaine, adressa de son côté à l'abbé Postel d'affectueux regrets et poussa la condescendance jusqu'à s'occuper de trouver à son vicaire une position du genre de celle qu'il avait quittée pour venir à Saint-Thomas d'Aquin. Il y avait précisément sur sa paroisse une noble famille originaire de Belgique dont l'unique enfant, jeune homme de dix-huit ans, avait besoin plutôt d'un mentor que d'un précepteur, pendant les quelques années qui le séparaient de sa majorité. Mme de Schilde accepta avec empressement, pour diriger son fils, l'abbé Postel que lui recommandait chaudement M. de Beauvais. Cette nouvelle position lui procura des loisirs plus grands que ceux qu'il avait eus dans les précédentes, et de plus l'avantage de voyager en Belgique, en Hollande, en Suisse, en Allemagne, où son esprit curieux eut le moyen de s'occuper. C'est ainsi que se termina la crise la plus douloureuse de la vie de l'abbé Postel; il s'efforça d'en détourner sa pensée en travaillant encore davantage.

XII

L'ABBÉ Postel avait depuis longtemps le dessein de remanier la volumineuse bibliothèque des *Prédicateurs* du P. Houdry.

Ce livre déjà rare ne se lisait presque plus, et, en bien des endroits, il avait besoin d'être rajeuni, surtout abrégé. Quatre années suffirent à l'abbé Postel pour terminer cette œuvre importante; il fallait même sa rare activité pour qu'il achevât en si peu de temps les dix-huit gros volumes de la collection. Ce n'était pourtant point le seul livre qu'il eût sur le chantier; il publiait, en même temps, un *Manuel des Pasteurs*, une édition fort étudiée des *Saints Évangiles*, de l'*Imitation de Notre-Seigneur Jésus-Christ* et plusieurs manuels de piété et recueils de prières, ouvrages composés avec un grand soin, avec une véritable onction, une rare élévation de style et de pensée. « Je ne puis vous dire l'admiration profonde, lui écrivait un de ses amis, je vais plus loin, la stupeur que me cause votre inépuisable fécondité. Vous avez une puissance de travail et une facilité de production qui me confondent. Que Dieu vous les conserve longtemps, ainsi que votre santé qui est à surveiller pour ne pas la laisser succomber à cet immense labeur. Vous ne pratiquez guère cette maxime dont un célèbre écrivain de ce siècle faisait grand cas : Pour bien employer la moitié de son temps, il faut avoir l'art de perdre l'autre. » Ce n'était pas en effet le système de l'abbé Postel.

« Ma tête, disait-il, enfante à la fois six ou sept plans d'ouvrages et déjà je voudrais les avoir finis. C'est une activité désolante et dévorante d'où je ne sors momentanément que pour sentir le cruel vide que fait, dans ma vie, la mort de ma pauvre mère. »

Une autre douleur l'attendait. Moins d'un an après ce triste événement, le 24 août 1864, son frère Valentin, se rendant à Vichy pour sa santé, était mort dans une chambre d'hôtel de Nogent-le-Rotrou où il s'était arrêté pour se reposer. La nouvelle mit quatre jours à parvenir à l'abbé Postel qui était alors en Belgique. C'en était fait; le dernier lien de la famille était rompu; une seule enfant restait, la fille de son frère, à peine âgée d'un an; c'est sur elle qu'il allait désormais concentrer sa tendresse. En vingt-cinq ans, il avait vu tomber autour de lui tous ceux qu'il aimait et qui tenaient à lui par les liens du sang. Quatre ans après, sa belle-sœur devait succomber à son tour. Il se crut alors tout seul au monde, seul avec une orpheline !

Valentin Postel avait été élevé très chrétiennement; il avait fait, disait-il, « une première communion d'ange ». Quel qu'il eût été depuis ce temps, au regard de la pratique de ses devoirs religieux, sa droiture et son honnêteté naturelles l'avaient du moins préservé des grands écarts. Il

aimait passionnément son frère dont il était justement fier, et lisait avec attendrissement ses
lettres qui contenaient toujours des conseils de
piété, quelquefois des gronderies amicales, et le
rendaient, disait-il, à chaque fois meilleur. « Le
bon Dieu, écrivait l'abbé Postel, aura eu pitié de
cette belle âme, et tant de saints de ma famille
qui l'ont précédée au ciel l'aideront à y entrer.
L'excellent curé de X..., qui a beaucoup connu
mon frère, m'assure qu'il est sans inquiétude sur
son salut, bien qu'il n'ait pas pu recevoir les
derniers sacrements. Mais c'est bien terrible de
mourir ainsi ! »

Les fonctions de l'abbé Postel auprès du jeune
de Schilde lui donnaient, avons-nous dit, assez
de loisirs. Il en avait profité pour multiplier, si
cela eût été possible, ses travaux de plume, et aussi
pour se livrer au ministère de la prédication à
Paris, où la famille de son élève passait l'hiver.
Dix ans auparavant, il avait fait avec succès une
série de conférences morales à Saint-Germain des
Prés. On s'en souvenait, et on l'invita dans plu-

sieurs paroisses. A Rome, on l'avait déjà autrefois invité fréquemment à monter dans la chaire de Saint-Louis des Français, et il s'était tiré à son honneur de la tâche de prêcher devant ce difficile auditoire. Il avait, pour parler en public, la même facilité que pour écrire, à tel point que dès le début de son ministère paroissial, à l'Abbaye-aux-Bois, une simple méditation de son sujet lui suffisait pour prêcher d'une façon qui n'était nullement banale. Sur la représentation qu'on lui fit du danger de cette méthode, il se mit à écrire, non point tous ses sermons, mais les principaux ; quant aux autres, il prit le parti de ne parler désormais que sur des notes suffisamment développées.

Ces notes sont pleines de doctrine, de traits historiques bien choisis et de citations que son érudition semait à profusion dans ses discours en chaire, aussi bien que dans ses conversations et dans ses livres. La ténuité de son organe nuisait, il est vrai, à son débit, et, de plus, son action oratoire était gênée par la faiblesse de sa vue.

Les mouvements pathétiques, les éclats de voix
n'étaient pas non plus dans ses moyens ; mais
comme il était toujours sûr de sa parole comme
de sa doctrine, on finissait par être gagné à son
genre, malgré les imperfections de sa manière
de dire.

Classique dans sa parole, comme il l'était dans
son style, mais classique indépendant, il avait
appris à l'école des maîtres du dix-septième siècle
l'art de faire un discours. Rien, en effet, n'était
plus sage et mieux ordonné que sa composition.
Il n'indiquait pas ses divisions « par la raison,
écrit-il quelque part, que Fénelon s'est élevé
contre cet usage, » mais il traitait son sujet avec
une grande clarté. La correction de son style
d'écrivain n'avait d'égale que la rare pureté de
son élocution d'orateur. Jamais de faute de langue, jamais d'hésitation ; une prononciation fort
nette, malgré la rapidité du débit, des expressions heureuses, une exposition limpide et cou-
lant de source ; nulle part on ne sentait le travail et l'effort. C'est ainsi qu'il se montra dans

les chaires de Paris de 1863 à 1866, à Saint-
Thomas d'Aquin, à Saint-Germain des Prés,
dans des stations du carême, et du mois de Marie,
dans des retraites pascales et de première communion et dans un grand nombre de discours de
circonstance où l'on venait fréquemment l'inviter à l'improviste, parce qu'il était toujours bien
inspiré et qu'on le savait toujours prêt.

En 1866, à la majorité et peu de temps avant
le mariage de son élève, l'abbé Postel accepta
de donner des leçons aux deux fils de M. de Martel
de Janville, René et Roger, et à ses deux neveux,
Amédée et Jean de Montgeon, qui suivaient les
cours classiques au Petit-Séminaire de Notre-
Dame des Champs. Cette occupation ne fut qu'un
temps d'arrêt ; six mois à peine le séparaient de
l'établissement définitif, il le croyait du moins,
après lequel il n'avait cessé de soupirer.

XIII

MONSEIGNEUR Lavigerie, évêque de Nancy, venait d'être appelé au siège d'Alger. Il avait conservé avec l'abbé Postel, les relations les plus cordiales, depuis le temps où il avait été son condisciple au Petit-Séminaire Saint-Nicolas. Ces relations prirent un caractère plus intime lorsque l'abbé Lavigerie fut nommé auditeur de Rote; c'était au moment où l'abbé Postel était précepteur des fils du prince Borghèse. Alors, on se voyait presque tous les jours; le prélat trouvait un grand plaisir aux conversations animées et pétillantes d'esprit de son ancien condisciple et appréciait grandement les qualités de son cœur. Plus d'une fois l'abbé Postel lui avait fait la confidence de ses ennuis et du désir qu'il avait de se fixer. Il avait quarante ans; c'était le moment ou jamais de renoncer à sa vie si mouvementée et au bout de laquelle il ne voyait rien. D'ailleurs, sa conscience de prêtre lui faisait scrupule de se consacrer plus longtemps à des fonctions où son zèle se trouvait à l'étroit. « Il lui fallait, disait-il gaiement, rentrer dans le rang et faire une fin. »

Est-ce à la suite de ces entretiens que l'abbé Postel accepta d'être vicaire à Saint-Thomas d'Aquin? Nous ne saurions le dire; mais l'expérience de Paris ayant failli lui être fatale, il lui était toujours resté le désir de se rendre utile quelque part dans les fonctions du ministère pastoral.

Mgr Lavigerie n'avait pas dû songer à l'appeler à Nancy, sous le ciel brumeux de la Lorraine; l'abbé Postel avait la nostalgie du Midi, il ne croyait pouvoir vivre que dans les pays du soleil. Néanmoins, les relations affectueuses se continuèrent entre les deux amis, et, pour en resserrer les liens, l'évêque de Nancy nomma l'abbé Postel chanoine honoraire de sa cathédrale.

Plus tard, ce fut à sa plume alerte qu'il confia la correspondance de la *Semaine religieuse* de son diocèse.

Mais le moment arrivait où Mgr Lavigerie allait être en mesure de faire davantage. Après quatre ans de séjour à Nancy, il venait d'être nommé à l'archevêché d'Alger. Peu de jours après sa préconisation, il s'ouvrit à l'abbé Postel du dessein où il était de lui confier la direction de son Petit-Séminaire et de le nommer chanoine et vicaire général honoraire de son diocèse. Cette proposition fut très agréable à l'abbé Postel ; toutefois, avant d'y accéder, il crut devoir prendre l'avis de l'évêque d'Orléans, car il n'avait jamais rien fait d'important dans sa vie sans le consulter. Deux jours après, il recevait la réponse : « J'applaudis de tout mon cœur, mon cher ami, au choix de l'archevêque d'Alger et à votre acceptation. J'espère que vous trouverez là un noble et saint emploi des dons que vous avez reçus de Dieu. » Après cette lettre, l'abbé Postel n'hésita plus. D'autres amis n'avaient pas vu sans quelque appréhension l'abbé Postel accepter un genre de responsabilités auxquelles ils le croyaient insuffisamment préparé. Aussi, leurs réponses à la nouvelle qu'il leur donna de son départ pour Alger portent la trace d'une certaine hésitation.

Avant de quitter la France, l'abbé Postel vint prendre congé de Mgr Darboy et lui demander sa bénédiction. Le prélat l'accueillit de la façon la plus gracieuse. « La vie la mieux dirigée, lui dit-il, c'est celle qui ne cherche pas à se diriger elle-même, mais qui s'abandonne à la Providence. »

Huit jours après cette visite, l'abbé Postel s'embarquait à Marseille; c'était dans les derniers jours d'avril. Son départ de France précédait de quelques jours celui de l'archevêque dont il allait préparer la réception et l'installation. « Tout m'a réussi dans ce voyage, écrivait-il; d'ailleurs, il en est ainsi depuis quelque temps; c'est si rare dans ma vie que je me prends parfois à en être effrayé ; Dieu me donnerait-il ici-bas ma récompense ? La croix, c'est ce qu'il faut à des chrétiens. » La croix ne devait pas tarder à revenir

Les premiers jours furent employés aux détails de la prise de possession. Le mercredi 15 mai, l'abbé Postel, accompagné des vicaires généraux et du chapitre, allait chercher l'archevêque d'Alger à bord de la frégate *le Caton* qui entrait en rade, les mâts pavoisés et au bruit de l'artillerie des forts qui répondait aux salves des navires. « Une foule immense sur la plage, la garnison sous les armes, une mer d'azur, un ciel resplendissant, et, au milieu de cette pompe à laquelle la nature ajoutait un incomparable éclat, l'archevêque s'avançant entre les rangs pressés du peuple à genoux et avec la dignité souriante de sa haute taille, de son air majestueux : c'est un de ces spectacles, écrivait l'abbé Postel, qu'on ne voit qu'une fois dans sa vie. »

Quelques jours après, Monseigneur réunissait

pour la première fois son conseil, et l'abbé Postel inaugurait ses fonctions de secrétaire. « Toutes ces affaires où j'ai été jusqu'à présent étranger, écrivait-il, m'étonnent un peu et même m'ennuient ; dès le premier conseil, je me suis trouvé neuf et consterné. »

Mais il avait beau gourmander son imagination, c'est en vain qu'il lui disait : « Allons simplement et doucement devant nous, ma mie, sans tourment comme sans agitation. » La « folle du logis » allait son train. Ce tempérament nerveux et impressionnable à l'excès commençait à se reprendre aux perplexités d'autrefois. « Cœur inconstant et agité, je flotte, disait-il, d'une pensée à une autre, d'une aspiration à un désenchantement ; je ressemble à une barque désemparée que bouleversent les flots. Heureusement, j'ai le ciel pour port et Marie pour étoile. Que cette bonne Mère daigne me prendre en pitié ! »

Un de ses amis, auquel il avait confié ses tristesses, lui écrivait de Paris : « Je compatis d'autant plus à vos peines qu'un grand fonds de sen-

sibilité vous empêche d'en faire confidence à vos
meilleurs amis. Laissez-moi cependant me féliciter de ce que vous avez fait exception pour
moi. Je vous connais; je vous ai compris. Sous
votre air décidé, vos reparties spirituelles, votre
gaieté communicative, avec les allures d'un
homme qui a pris son parti des hommes et des
choses, vous cachez une nature tellement impressionnable que la crainte de déplaire ou de gêner
vous ferait fuir à cent lieues. C'est un noble sentiment, mais qui fait bien souffrir. Voulez-vous
me permettre de vous donner un conseil d'amitié et d'expérience? Soyez prêt à tout, mais
n'ayez pas trop d'initiative et ne vous attachez
pas à trop de réformes. Vous connaissez le mot :
« Pas de zèle, surtout, Monsieur, pas de zèle! »
N'allez pas, sans doute, le prendre à la lettre; car
ce mot d'homme d'État, qui avait été autrefois un
homme d'Église, ne doit pas être la consigne de
ceux qui travaillent à l'œuvre de Dieu; retenez
pourtant la nuance. Laissez passer les orages, et
tout ira bien. »

8

Un mot suffisait à l'abbé Postel pour l'encourager ou pour l'abattre; après la lecture de cette lettre, il se reprit avec plus de confiance à ses nouvelles fonctions. Nul n'admirait plus que lui l'archevêque d'Alger; nul n'était plus préparé à l'aimer davantage : « Monseigneur nous étonne toujours, écrivait-il, par la variété de ses ressources, la grandeur de ses entreprises. C'est un homme qui gouvernerait le monde; c'est un administrateur sans pareil! Écrivain, orateur, homme d'autorité, grand évêque, il excelle en tout. »

A la rentrée du mois d'octobre 1867, l'abbé Postel avait pris possession de ses fonctions de supérieur du Petit-Séminaire. Il se retrouvait avec cette chère jeunesse à laquelle il avait consacré toute sa vie : c'était un rajeunissement de ses affections toujours fidèles. Il est incroyable à quel point il se fit aimer de ses élèves par ses rares qualités de cœur, par son indulgence, par sa bonté toute paternelle, qui allaient même quelquefois jusqu'à la gâterie, et aussi, comme son zèle sacerdotal se donna carrière dans une mission où il voyait avant tout des âmes à conduire à Dieu. Le souvenir des merveilles accomplies à Saint-Nicolas par l'illustre évêque d'Orléans était toujours devant ses yeux, et c'était à reproduire ce type incomparable qu'il s'efforçait tous les jours ; il y fit même trop d'efforts, faute de considérer assez que les conditions n'étaient pas les mêmes à Alger qu'à Paris, que le milieu était fort différent et qu'il aurait été opportun d'attendre avant d'y introduire d'un seul coup des usages qui avaient leur raison d'être à Saint-Nicolas où ils s'harmonisaient avec tout un ensemble et qui d'ailleurs ne s'étaient établis dans cette maison que graduellement et avec une sage lenteur. Toutefois, pendant les dix-huit mois que Mgr Postel fut à la tête du Petit-Séminaire d'Alger, il exerça une influence heureuse sur l'esprit de la maison, et s'il n'eut pas la joie d'assister au plein succès de son zèle, il dut se féliciter d'avoir établi quelques traditions qui lui ont survécu.

Nous n'avons pas de peine à convenir que

l'abbé Postel était moins préparé pour diriger un séminaire que pour faire une éducation particulière. Compétent sur les matières de l'enseignement, expérimenté dans la direction spirituelle des élèves, ayant de plus une grande variété d'instruction, une très agréable parole, une grande affabilité, un dévouement à toute épreuve, il lui manquait certaines aptitudes pour être complet; ainsi, les détails contentieux d'une maison d'éducation l'effrayaient; ses mauvais yeux le gênaient pour exercer efficacement la surveillance, et quant à l'administration temporelle, il avouait franchement que ce côté positif des choses ne lui allait nullement, et, de plus, qu'il en avait une complète inexpérience. Il arriva de ce côté plusieurs incidents dont son imagination grossit sans doute l'importance, mais qui ne contribuèrent pas à l'attacher à sa position. Mgr l'archevêque d'Alger ayant dû intervenir plusieurs fois avec la décision et la fermeté qu'il porte dans toutes les parties de son gouvernement, le supérieur du Petit-Séminaire crut que

son autorité était atteinte et qu'il allait dès lors
se trouver fort empêché de faire le bien. Toutes
ces pensées l'agitèrent à la fois, et comme dans
cette disposition d'esprit on est porté à revenir
douloureusement sur les moindres circonstances
pour les transformer en événements d'importance, il lui sembla que ses amis, au lieu de lui
tendre la main, se retiraient pour le laisser à son
isolement et à ses tristesses. L'un d'eux, un des
plus anciens et qui n'était pas des moins dévoués,
répondait un jour à ce genre de préoccupation :
« Sachez une fois pour toutes que je ne suis
changé pour aucun de mes amis. Il n'y a que les
petits esprits qui modifient leurs affections au gré
de leur fortune; or, je me fais l'honneur de ne
pas me mettre du nombre. »

Enfin, l'abbé Postel put résigner cette charge
de supérieur du Petit-Séminaire qui lui devenait
tous les jours plus pesante. A dater de ce moment,
il se persuada qu'il n'avait plus rien à faire en
Algérie. Cependant Mgr Lavigerie le chargea de
plusieurs missions qui ne suffisaient qu'impar-

faitement à son activité. C'est ainsi que l'archevêque d'Alger l'envoya visiter quelques paroisses de la partie méridionale de son diocèse.
Il alla même jusqu'à Laghouat, après une
course de dix jours à travers le désert; dix
jours qui lui parurent un siècle, et où il voya-
gea tour à tour dans les voitures du train de
l'artillerie, à cheval et même à dos de cha-
meau, façon d'aller qu'il goûtait médiocrement.
Mais le soleil du sud de l'Algérie n'était pas
celui de ses rêves; il revint fort incommodé de
ce voyage où il avait pris un avant-goût des
sables du Sahara. Il remplit aussi pendant quelques mois l'intérim de l'aumônerie du lycée d'Alger, ministère sans consolation, mais où il eut
du moins un peu d'indépendance. C'est encore
à des travaux de plume qu'il consacra ses loisirs. Devant sa table à écrire, il retrouvait au
moins pendant quelque temps le calme et l'oubli.

Il n'était pas guéri de cette tristesse incurable
qui fut le tourment de sa vie. « Je remonte
avec vous, lui écrivait un de ses amis, le

cours de ces années qu’on ne vit pas deux fois; souvent je m’y arrête, mais avec moins de tristesse que vous, car Dieu m’a mesuré le don de l’imagination, et, sans être sceptique, je sens se rétrécir, à mesure que j’avance en âge, ces horizons que vous agrandissez avec tant de charme. Depuis que je suis au monde, j’ai eu peu d’illusions sur moi-même, pas du tout sur mon avenir, presque aucune sur les hommes et les choses. Une certaine défiance, ou mieux, la réserve qui fait le fond de ma nature, m’arrête sur le chemin des enthousiasmes, mais diminue aussi pour moi les déceptions. Loin de moi la pensée de tirer vanité de cet état d’esprit. Je suis même tenté d’envier le vôtre, car il prête davantage à la pensée, à l’action, au mouvement. En somme, je vis deux fois moins que vous, car je vis moins impétueusement. »

Le lien qui attachait l’abbé Postel à Alger n’était pas encore rompu. Mgr Lavigerie fit même effort pour le retenir. Il jugeait qu’une pareille facilité d’écrire pouvait être très précieuse aux intérêts catholiques de la colonie, et il engagea l'abbé Postel à envoyer des articles aux journaux conservateurs d'Algérie.

Rien ne lui convenait mieux que cette occupation pendant les jours désormais comptés qu'il devait encore passer à Alger. Son talent de journaliste se fit surtout remarquer dans la polémique qu'il soutint à l'occasion des grandes œuvres que l'archevêque d'Alger venait de fonder pour recueillir les nombreux orphelins qu'avait faits la famine de 1867, et des graves difficultés qui s'élevèrent un moment entre le prélat et le maréchal de Mac Mahon, gouverneur général de la colonie. L'abbé Postel fit plus qu'écrire ; il accepta la mission que lui donna Mgr Lavigerie d'aller prêcher en France pour recueillir des aumônes en faveur de ses établissements, et il réussit à envoyer près de dix mille francs. Ce fut le dernier service qu'il rendit au diocèse en qualité de vicaire général. Il n'était plus chanoine depuis le mois de janvier 1869, ayant remis sa démission entre les mains de l'archevêque, qui la lui avait demandée à raison de la difficulté qu'il aurait eue à le maintenir dans un titre qui suppose la résidence.

Ce sacrifice coûta à l'abbé Postel; il le fit cependant. Toutefois, il garda le titre et les pouvoirs de vicaire général et se prépara, en rentrant en France, à s'assurer enfin un lieu tranquille et définitif de séjour. Mais il avait compté sans les instances que lui firent, à son retour d'Algérie, des amis qu'il avait à Marseille pour l'engager à différer au moins de quelques mois l'exécution de son dessein. Un des plus importants négociants de la ville, et aussi l'un de ceux qui y a le plus contribué à l'établissement des grandes œuvres catholiques, M. Paranque, le retint littéralement au passage, le suppliant de diriger au moins pendant un an l'éducation de ses jeunes fils. Cette année fut l'année du Concile et de la guerre. L'abbé Postel eut la joie d'aller passer un mois à Rome, le mois d'avril 1870, avec ses jeunes élèves, au moment même de la session solennelle où fut votée la première constitution

du concile du Vatican. « Ma destinée, écrivait-il,
est de voir Rome aux grandes dates de son histoire. En 1848, j'y arrivais pour la première fois,
le jour même de l'assassinat de M. de Rossi et au
commencement de la révolution. J'y étais encore
au moment du départ du pape pour Gaëte. Il
s'en est fallu de bien peu que je n'y revinsse deux
ans après, lorsque Pie IX y rentra. C'est à Rome
que j'ai assisté en 1859 et en 1860 à d'autres événements : la guerre d'Italie et l'invasion des
Etats pontificaux ; événements beaucoup plus
tristes que ceux de 1849, parce qu'ils laissent
beaucoup moins d'espoir. Enfin, en 1870, j'ar-
rivai au milieu de la tenue du Concile, et je
puis bien assurer, sans être prophète, que jamais
je ne reverrai pareil événement, ni à Rome ni
ailleurs.

« L'Église universelle est là, rassemblée tout
entière sous les yeux du Pape.

« Quelle grandeur! quelle majesté! et même,
au point de vue de la pompe extérieure, quelle
magnificence! Comme la foi se sent à son aise,

comme l'amour pour l'Église grandit en présence d'un tel spectacle! O mon Dieu, bénissez le Concile, et que la sainte Eglise catholique, ma mère, en soit mieux connue, plus glorifiée et plus aimée! »

XIV

Deux mois après le retour de l'abbé Postel à Marseille, la guerre éclatait. Il faut avoir connu comme nous ses ardents sentiments de patriotisme pour comprendre ses angoisses pendant cette douloureuse période. Il la passa tout entière à Marseille, fort loin, sans doute, du théâtre de la guerre, mais non pas à l'abri du danger, dans une ville où la révolution du 4 septembre 1870 avait excité une émotion extraordinaire, et même des émeutes par lesquelles on préludait au triste essai de l'établissement d'une commune laquelle, au mois de mars suivant, eut l'ambition de prendre pour modèle la Commune de Paris.

Le préfet du gouvernement de la Défense nationale, Esquiros, se signalait à Marseille par
des actes arbitraires ou violents, dont une garde
civique, formée pour la circonstance, exagérait
encore l'exécution : c'étaient tous les jours des
dénonciations, des perquisitions, des arrestations
sans nombre, dans les maisons soupçonnées
d'incivisme, surtout dans les communautés
religieuses. Là, comme partout, les Jésuites
avaient l'honneur d'être signalés en première
ligne.

Le 26 septembre, dans l'après-midi, l'abbé
Postel disait son bréviaire dans la chapelle des
Révérends Pères Jésuites, lorsque de violents
coups de crosse frappés contre la porte attirè-
rent son attention. Au même moment, le frère
portier venait lui dire : « Hâtez-vous, Monsieur,
la maison est cernée ! » Il chercha à sortir, mais
la garde civique, armée jusqu'aux dents, occupait
déjà toutes les issues, et le rejeta avec violence à
l'intérieur. Trois laïques, un évêque apparte-
nant à la Compagnie de Jésus, Mgr Dubar, les

9

Pères et les Frères de la résidence, étaient dans le
même cas; quatorze en tout. On les poussa tous
dans le parloir avec force injures. Le prétexte
était qu'un Père s'était permis de rire en voyant
les civiques jouer aux boules sous sa fenêtre. La
peccadille était un cas pendable. L'abbé Postel
obtint à grand peine de pouvoir envoyer à M. Paranque un billet écrit au crayon. Celui-ci se
rendit immédiatement chez le procureur de la
République. « Je veux bien, lui dit le magistrat,
donner un ordre d'élargissement immédiat, mais
je vous engage à n'en pas faire usage ; on serait
capable de massacrer votre abbé en sortant. »
L'avis était bon ; l'abbé Postel se résigna. On
fouilla les prisonniers ; on visita tous les recoins
de la maison où l'on devait trouver, d'après les
informations d'un journal, trente sept mille
fusils, pas un de moins, des souterrains bondés
de cartouches et de l'argent partout. Les perquisitions se firent brutalement, accompagnées
d'horribles blasphèmes, qui ajoutèrent à l'émotion bien naturelle qu'éprouvait l'abbé Postel de

se voir en pareille compagnie. Il essaya de protester : « Tais-toi, lui répondit un sous-officier,
tu n'as pas le droit de parler ici ! » Vers sept
heures, on conduisit les prisonniers au réfectoire, où on leur donna du pain, du fromage et
du vin. « Il fallait cette circonstance, écrivait
l'abbé Postel, pour me faire goûter au fromage
pour lequel j'ai professé toute ma vie la plus profonde horreur. » On laissa les prisonniers dans le
parloir de la maison jusqu'à une heure du matin :
alors seulement on les conduisit dans les cellules
du premier étage, où on leur permit de s'étendre
sur des matelas. L'abbé Postel passa le reste de
la nuit sur un fauteuil. Dans la chambre où il
était enfermé, tous les meubles avaient été forcés, tous les tiroirs étaient ouverts et les papiers
jetés pêle-mêle dans les corridors, où on les empilait dans des sacs. « Ce spectacle, dit-il, m'émut
beaucoup ; que de travaux littéraires, que de
notes précieuses ont disparu ainsi ! Je me figurais
que mes manuscrits, qui m'ont demandé tant de
travail et qui m'ont coûté mes pauvres yeux,

avaient le même sort. Cette réflexion m'a été particulièrement amère. »

A six heures du matin, le bruit d'une émeute
lointaine et le chant de *la Marseillaise* donnèrent à M. Postel la pensée qu'on allait le
fusiller. C'était tout simplement les gardiens
de nuit qu'on venait relever. Quatre heures
après, on conduisait en fiacre tous les prisonniers au parquet du procureur de la République ; mais ce magistrat étant absent, il fallut
rebrousser chemin jusqu'à l'hôtel de ville. Là,
seulement, on prononça leur élargissement provisoire, après avoir pris le soin de consigner par
écrit leurs noms et leur adresse.

Pour se remettre de ses émotions, l'abbé Postel
partit quelques jours après pour Nantes, où étaient
sa jeune nièce et la famille de sa belle-sœur ; il y
resta jusqu'au milieu du mois de décembre ; mais,
après la reprise d'Orléans par les Prussiens, il
s'achemina de nouveau vers Marseille, par les
routes restées libres, et y arriva quelques jours
avant Noël, en passant par le centre de la

France, avec les mille péripéties des voyages entrepris dans de telles circonstances.

Les nouvelles de la guerre, l'état lamentable de la France, les impressions personnelles de l'abbé Postel sur la politique intérieure, ses craintes pour l'avenir, toutes ces choses qui l'occupaient douloureusement depuis si longtemps, lui donnèrent la pensée d'écrire, après la signature de la paix avec l'Allemagne, une brochure dont il avait depuis longtemps le plan dans l'esprit.

Il s'affermit dans son dessein, lorsque les journaux lui apprirent l'insurrection du 18 Mars et l'établissement à Paris de l'odieux gouvernement de la Commune. Ces attentats contre la patrie vaincue, désarmée, lui parurent le comble de l'humiliation de la France et le signal de sa ruine. Son indignation n'eut plus de bornes lorsqu'il lut dans les journaux les détails de cette insurrection accomplie sous les yeux et aux applaudissements d'un ennemi victorieux, auquel elle devait donner plus tard le spectacle hideux de l'assassinat des otages et des incendies allumés par des mains françaises, pour détruire les plus beaux monuments de la capitale de la France.

Marseille commençait aussi à se soulever; de grands désordres venaient d'y éclater; le préfet du département était prisonnier dans son hôtel; l'évêque, menacé de mort dans son palais; l'hésitation des troupes de la garnison encourageait l'audace des émeutiers; tout paraissait en proie. L'attitude héroïque de l'évêque, Mgr Place, en face d'une insurrection qui semblait surtout dirigée contre sa personne, fut vraiment digne d'admiration, et l'abbé Postel, pour qui le prélat avait depuis longtemps des sentiments d'affectueuse estime, ne tarissait pas d'éloges sur son compte toutes les fois qu'il racontait la révolution de Marseille.

Cependant la Commune était déjà proclamée dans cette ville; la date des élections révolutionnaires fixée au mercredi 5 avril : c'est la veille de ce jour que Mgr Darboy avait été arrêté et conduit à la Conciergerie.

Tous ces événements agissant fortement sur l'esprit de l'abbé Postel, il se mit à écrire une brochure amère, virulente, indignée, et l'adressa à un libraire de Lyon pour la publier; mais le libraire jugea qu'il convenait d'attendre, ne se souciant pas sans doute d'accepter une responsabilité qui lui semblait dangereuse en ce moment, à Lyon surtout, où l'agitation était aussi grande qu'à Marseille. Alors l'abbé Postel se décida à publier en feuilletons, dans un journal conservateur du Midi, les pages dont on hésitait à faire un livre.

Lorsque le calme fut rétabli à Marseille, l'abbé Postel, qui était arrivé au terme de ses engagements avec M. Paranque, se disposa à partir. « Il est temps, écrivait-il, que je me fixe enfin, que je me rapproche des derniers parents qui me restent, et que ma vie si vagabonde, s'assoie à son dernier foyer. »

Il mit plus de huit jours à arriver au Mans, où il avait résolu d'habiter; c'est en route qu'il apprit l'assassinat de l'archevêque de Paris et le massacre des otages.

Vingt ans auparavant, Mme Postel avait fait un long séjour au Mans à son retour d'Espagne. Le souvenir de sa bonne mère et le désir d'être à peu de distance de son pays natal le déterminèrent à louer à l'extrémité de la ville une maison qu'il habita seul. Elle avait un petit jardin, avantage inappréciable à ses yeux; elle n'était pas gênée par le voisinage et dominait le cours de la Sarthe. On jouissait de là d'une vue agréable, on y respirait un excellent air, enfin on y avait le soleil une bonne partie de la journée.

XV

MALGRÉ sa préférence bien marquée pour les pays chauds, l'abbé Postel restait attaché de cœur au pays de sa naissance. Il aimait tout de sa chère Normandie, tout, excepté l'humidité, le brouillard et la pluie; il venait, comme il le disait en riant, « s'y retremper » tous les ans, et il y venait de fort loin, même de l'Italie et de l'Algérie. Pour revenir de ce dernier pays, il ne craignait pas la traversée, qui lui était cependant fort pénible et où il essuya deux fois de fortes tempêtes, au point qu'il crut périr. « Quelle nature, disait-il, que celle du pays où il a plu à Dieu de mettre mon berceau ! Sauf les hautes montagnes, on pourrait s'y croire en Suisse. Le calme et la pureté de l'air qu'on y respire, l'aspect gracieux de ces hauteurs couvertes d'arbres immenses et touffus, la multitude de fleurs qui en émaillent au printemps les pâturages et contrastent par la vivacité de leurs couleurs avec la sombre verdure des forêts; les troupeaux qui animent les prairies, la fraîcheur des eaux vives qui jaillissent dans tous les vallons, et jusqu'au milieu des chemins enfoncés quelquefois de plusieurs mètres au-dessous des champs qui les bordent; la situation pittoresque des hameaux et des habitations isolées; les pommiers, les arbres fruitiers qui peuplent la campagne et ce qu'on appelle la *cour* des maisons, laquelle est une sorte de parc champêtre; tous ces objets variés, l'imagination peut se les figurer, mais la réalité est encore au-dessus. Voilà vingt ans que je circule par toute la France; je viens actuellement du Midi; je n'ai rien vu d'aussi beau. De tous côtés, à travers cette campagne coupée d'étroits sentiers, tantôt escarpés, tantôt unis, tantôt doucement inclinés, on chemine le long des haies gigantesques du sein

desquelles s'échappent de grands arbres, ou bien
on côtoie des murs bâtis avec de gros cailloux
revêtus de vieux lierres qui prennent la place du
ciment et continuent à joindre les pierres tant
bien que mal, en les festonnant de la sombre
verdure de leur feuillage. Seulement, pour une
terre aussi riante, le ciel est un peu sévère, les
chaleurs de l'été bien courtes, et le climat par trop
pluvieux. La Providence met ainsi partout un
correctif à ses dons naturels, et elle empêche le
cœur de se trop attacher à la prison de ce monde. »

Mais, pour l'abbé Postel, la beauté de la nature n'était pas le seul attrait de la Normandie.
Il avait là des relations, des amitiés, des parents.
A Couterne, c'était son vieux curé, qui l'avait
baptisé et qui ne l'a précédé que d'une année au
tombeau, après avoir administré pendant plus
de soixante ans la même paroisse. A Lassay,
dans le département de la Mayenne, à Orgères, à
Sainte-Eugénie, c'étaient d'excellents cousins,
dont deux étaient curés et habitaient des presby-
tères du genre de ceux dont l'idéal hantait son

imagination. Il passait là des semaines entières, ne paraissait ni pressé ni inquiet, semblait même n'avoir d'autre souci que de se reposer, et, chose étrange ! perdait presque le goût d'écrire, sinon sa correspondance qui fut de tout temps très considérable, puisqu'il écrivait plus de mille lettres par an ; mais pour faire des lettres il n'avait pas besoin de l'appareil compliqué de son cabinet d'étude ; la modeste chambre du presbytère lui suffisait. Cette occupation était pour lui une variété de repos.

La ville du Mans, où il s'était fixé, lui offrait de plus que son pays natal des ressources de relations et des facilités d'étude, et elle avait l'avantage, tout en le rapprochant de ses amis, de le mettre à une certaine distance des importuns. Aussi, il parut s'y plaire beaucoup. Ce n'est pas que de temps en temps il ne ressentît la nostalgie du Midi, mais en somme il se sentait heureux d'avoir enfin reconquis sa liberté, et il en jouissait avec délices.

Pourtant, une occasion se présenta, vers la fin

de 1871, de passer l'hiver dans les climats chauds. Elle était trop séduisante pour que l'abbé Postel ne la saisît pas au passage. Il avait connu à Rome, pendant son séjour chez les Borghèse, le comte Armand, alors secrétaire de l'ambassade de France. Ce diplomate, d'un esprit fort distingué, était depuis quelques années en relations avec l'abbé Postel, dont il appréciait les connaissances variées, la conversation vive et surtout le caractère élevé.

Appelé au mois d'octobre 1871 à la légation de Portugal, il eut la pensée d'attirer auprès de lui « l'aimable abbé », comme il l'appelait, et de le garder au moins pendant quelques mois. « Puisque le sud de l'Europe vous a laissé des souvenirs parfumés, lui écrivait-il, je serais presque tenté de vous proposer tout simplement de passer l'hiver à Lisbonne avec moi, et surtout pour moi. Voulez-vous venir lire et causer ensemble sur *les rives du Tage?* Nous avons à Lisbonne une église française desservie par les Pères de la Mission qui ont une assez bonne bibliothèque. Vous trouverez là tous les livres qui ne sont pas rares... »

Il n'en fallait pas davantage pour décider l'abbé Postel. L'invitation était si aimable, le comte Armand si sympathique, que la perspective de vivre auprès de lui était une bien grande séduction. Il ne fut donc pas difficile de le convaincre. L'ambassadeur prit la voie de mer. L'abbé Postel, qui craignait les tempêtes du golfe de Gascogne, préféra la route de terre à travers l'Espagne, qu'il n'avait pas revue depuis vingt ans.

Le séjour en Portugal, dans un pays dont le ciel et la végétation lui rappelaient la Sicile et l'Afrique, lui fut de tout point agréable. Il s'y reposa de ses tracas et aussi de ses travaux, dans des entretiens extrêmement variés sur des matières religieuses, comme l'histoire des dogmes chrétiens, des conciles et des hérésies, des lois et des institutions ecclésiastiques, sujets sur lesquels le comte désirait être renseigné plus complètement qu'il n'avait pu l'être dans son éducation, traversée de bonne heure par le souci des affaires publiques. Il apportait un grand désir de s'instruire et une droiture d'intention qui faisaient autant d'honneur à son caractère qu'à son esprit. « Je m'efforcerai, disait-il à l'abbé Postel, de dérober aux affaires, le matin ou le soir, deux ou trois heures pour vous suivre dans le domaine des sciences spirituelles. » En effet, c'était à peu près le temps que duraient presque chaque jour ces entretiens qui, pour le comte Armand, ne furent pas sans profit. Il entendit ailleurs que chez lui ce brillant causeur, car il prit soin de le faire inviter à prêcher le Carême à la paroisse Saint-Louis de Lisbonne. On le félicita d'avoir donné à la colonie française l'occasion d'apprécier le rare talent de son hôte.

Pour alterner avec les conférences de l'abbé Postel, l'ambassadeur de France lui parlait des hommes qu'il avait connus dans sa carrière diplomatique et des événements auxquels il avait pris part, les jugeant sans prévention et avec cette mesure et cette sagesse sérieuse que l'âge, l'expérience et la perte des illusions de la vie communiquent aux âmes sincères comme l'était la sienne. L'abbé Postel prenait un vif plaisir à l'entendre sur de pareils sujets, et c'était, entre ces deux esprits fort différents de nature, un échange d'idées élevées où chacun avait à gagner.

Six mois se passèrent ainsi ; l'abbé Postel employa à visiter Lisbonne et ses environs le temps que lui laissaient libre ses occupations à l'ambassade de France. Au mois de juin il quitta le comte Armand. Il avait visité, en allant, Burgos, l'Escurial et Madrid ; il prit, pour revenir, la route de Badajoz, s'arrêta à Cordoue, dont il admira la merveilleuse cathédrale, revit Séville avec l'intention d'y retrouver des souvenirs déjà vieux de vingt ans, et, après avoir visité à Grenade l'Alhambra, il vint s'embarquer à Carthagène, d'où il se rendit à Oran après une traversée de vingt-quatre heures. L'évêque, Mgr Callot, l'y retint quelques jours ; puis il revit Alger et les amis qu'il y avait laissés. Trois semaines lui suffirent pour ce voyage d'Afrique ; il débarqua à Marseille à la fin de juillet, et s'achemina vers le Mans à petites journées. Sitôt arrivé, cet infatigable travailleur se mit à écrire un nouveau livre dont il avait arrêté le plan en route : la *Relation du miracle de Pont-main* et prépara la traduction d'un ouvrage italien la *Vie du vénérable Cottolengo*. Son activité reprenait une nouvelle ardeur ; il est vrai que jamais il n'avait eu plus de loisirs ; il lui semblait aussi que jamais il ne les avait mieux employés.

XVI

L'ABBÉ Postel continuait à se préoccuper de l'avenir de l'unique enfant qu'avait laissée son frère. Valentine Postel avait perdu sa mère deux ans avant la guerre, et commençait son éducation près de Nantes, dans la maison de ses grands-parents ; sa santé frêle souffrait du climat humide des bords de la mer ; elle avait dix ans, et les médecins que son oncle avait consultés s'accordaient à dire qu'un séjour dans le Midi lui serait bien nécessaire pour traverser sans péril la crise de l'adolescence. C'est sur cette nièce chérie qu'allait désormais se concentrer toute la tendresse de l'abbé Postel. Il se regardait comme chargé par la Providence de l'avenir de cette enfant, et, puisque désormais il était seul au monde avec elle et libre de toute attache, il prit la résolution de se sacrifier tout entier à son éducation.

Le moment était bien choisi pour quitter le Mans; le bail de sa maison allait expirer, et un de ses amis qui habitait les environs de Marseille l'engageait fortement à se fixer à Nice, dont il lui vantait le climat, même en été. « Pendant la saison chaude, disait-il, on y a la brise de mer toute la journée, et, la nuit, la brise de montagne. Nice, qui a la réputation d'être inhabitable du mois de mai au mois d'octobre, a été calomniée par ceux qui ne l'habitent que pendant l'hiver; tenez pour certain qu'elle vaut mieux que sa réputation. La santé de votre nièce et la vôtre s'en trouveront bien, croyez-en mon expérience. » En ce moment-là même, l'abbé Postel cherchait à s'établir à Cannes. Il retint l'indication de son ami, se promettant d'aller la vérifier lui-même.

Dans l'intervalle, il avait été fort tenté par la séduction d'un voyage que deux de ses amis lui proposèrent de faire avec eux en Allemagne. En leur compagnie, il vit Stuttgart, Augsbourg, Munich, Salzbourg et Vienne. Il y avait en ce moment, dans la capitale de l'Autriche, une exposition universelle des produits de l'industrie ; il profita de l'occasion pour la visiter, mais le voisinage de Frohsdorf l'attirait beaucoup plus. Il avait déjà eu l'honneur d'être présenté à Mgr le comte de Chambord à Venise, pendant un voyage que le Prince avait fait dans le nord de l'Italie, et depuis, il avait reçu de lui une gracieuse réponse à une lettre qui accompagnait l'hommage de quelques-uns de ses livres. Le comte de Chambord savait à quoi s'en tenir sur son dévouement. Nous avons dit plus haut que les opinions politiques de l'abbé Postel le rattachaient énergiquement au passé de la vieille monarchie française. Ces opinions, il les affirmait avec d'autant plus de force que, depuis la guerre, il ne voyait de salut pour la France que dans la restauration de la branche aînée. La pensée de revoir celui qu'il ne cessa jamais d'appeler *le Roi* lui causait autant d'émotion

que. de fierté. Le Prince lui accorda gracieu-
sement une audience, le retint à déjeuner, et lui
fit l'honneur de se promener seul avec lui
dans le parc et de l'entretenir longuement.
L'abbé Postel ne craignit pas de lui exposer la
manière dont, selon lui, on comprenait en
France la restauration de la monarchie légitime,
et, comme depuis l'avènement au pouvoir du
maréchal de Mac Mahon, cette question faisait
grand bruit dans les journaux, il se permit d'exposer au Prince, mais avec infiniment de précau-
tions, des idées dans la nuance de celles que
M. Chesnelong devait un peu plus tard lui trans-
mettre au nom d'un groupe parlementaire important. L'abbé Postel se tait sur la manière dont
M. le comte de Chambord accueillit ses réflexions,
mais, quelques mois plus tard, il ne put s'empêcher de déplorer la lettre du 3o octobre : « C'est
une catastrophe, » écrivait-il dans son journal. A
partir de ce moment, il cessa presque de s'occuper
de politique. « Ma vie est finie, disait-il; j'ai cinquante et un ans; je ne demande à Dieu que

d'employer le moins mal possible le temps qu'il lui plaira de me laisser au delà. J'ai déjà redescendu une partie de l'autre pente, et, de ce côté de la montagne, les horizons n'ont plus de perspective. De l'autre côté, je montais gaiement et en plein soleil, maintenant les ombres s'allongent, et le jour disparaît à proportion que se précipitent mes pas. »

C'est au milieu de ces pensées mélancoliques qu'il vint s'établir à Nice.

XVII

Une religieuse Ursuline, d'une famille distinguée, avait été amenée par des circonstances providentielles à établir à Nice une maison de son ordre. La grande piété de sa mère, Mme Rocher de Perret, ses chagrins, ses sacrifices, un besoin intime de réparation pour la France, de prières pour les membres de sa famille, vivants ou morts, tout la pressait de faire une fondation en faveur de l'ordre religieux dans lequel sa fille avait fait profession; sa tendresse maternelle lui donnait le désir que cette fille chérie prît part à cette œuvre. Mlle Rocher de Perret, en religion, Mère Marie de Jésus, se plaisait dans son humble couvent d'Aups, situé au milieu des montagnes du Var, et, malgré les

instances de sa mère, ne songeait nullement à le
quitter pour courir les risques d'un nouvel établissement. Mais, comme on la pressait vivement de
suivre l'indication que la Providence semblait lui
donner, dans sa perplexité, elle consulta l'archevêque d'Avignon, Mgr Dubreuil, entre les mains
duquel elle avait fait profession et qui avait toute
sa confiance. Le prélat n'hésita pas à lui conseiller de partir. Précisément, à ce moment, se
présentait l'occasion d'acquérir à Nice une magnifique propriété située dans la partie haute du
quartier de Carabacel, et qui paraissait merveil-
leusement choisie pour y bâtir un couvent et un
pensionnat, car c'était le double but que s'était
proposé Mme de Perret. On pria pour le succès
de l'entreprise; on se recommanda surtout à
Notre-Dame de la Salette, car c'était pendant un
pèlerinage de Mme de Perret à ce vénérable sanctuaire que lui était venue la première pensée de
la fondation d'un couvent d'Ursulines dans le
midi de la France; enfin, on se décida à acquérir,
et bientôt après on commença les magnifiques

constructions qui dominent le quartier de Carabacel.

Même avant l'achèvement des bâtiments neufs,
le pensionnat avait été installé dans la vieille
maison que ces bâtiments devaient remplacer,
et déjà il était florissant. Ces premiers succès de
l'œuvre furent regardés comme une preuve évi-
dente de la bénédiction de Dieu sur elle.

Depuis l'année 1868, date de la première installation, deux aumôniers s'étaient succédé dans
la maison; en 1874, un troisième, le R. P. Dargand, de la congrégation de l'Oratoire, prêtre de
la plus haute distinction, mais d'une santé chan-
celante, avait été agréé par Mgr l'évêque de Nice
et se préparait à prendre possession de ses fonctions, lorsqu'il fut arrêté par la maladie. La lettre
qu'il écrivit à cette occasion à la supérieure des
Ursulines est trop belle dans son héroïque simplicité pour que nous résistions au désir de la
reproduire tout entière.

« Ma bonne Mère, écrivait-il, c'est une tragédie
que l'histoire de votre pauvre aumônier. Vous

allez en juger par le récit de ce qui s'est passé hier soir entre ma mère et moi....

« Comme j'étais déjà au lit, ma mère est venue me trouver. « Tu vas donc partir après-demain ? « me dit-elle. — Oui, mère, c'est le dernier délai. « – Alors, je ferai le voyage avec toi ; je ne veux « pas te laisser seul avec la domestique. — Mais « cependant, mère, je ne suis qu'un peu faible, « mais non pas malade. — Ah ! mon pauvre en- « fant !. .. » Et elle se mit à fondre en larmes. Je l'entendais dire, à travers ses sanglots : « Ce n'est « pourtant pas à moi à le lui annoncer. Je ne « peux pas tuer mon enfant. » Enfin j'eus la vérité tout entière. « Tout le monde te trompe, mon « pauvre enfant ; ne pense plus qu'à ton âme, tu « as la maladie dont ta grand'mère est morte. — « C'est-à-dire que je n'ai plus que peu de temps « à vivre, lui dis-je. » Alors, j'ai attiré ma mère contre moi, je l'ai embrassée et je lui ai dit : « Tu es une mère vraiment chrétienne ; tu me « le prouves par ce que tu viens de faire. Oh ! « merci ! »

« Ma Révérende Mère, je ne vous ai pas trompée. Sur les assurances du médecin, je me croyais à même de bien remplir mon emploi, mais j'ai un squirre à l'estomac ; je l'ignorais ; je puis traîner quelques mois, je ne vivrai probablement que quelques semaines encore, et je puis m'éteindre d'un moment à l'autre.

« *Pardonnez-moi, pardonnez-moi* l'embarras extrême où vous allez être à cause de moi ! Je me faisais un tel bonheur de me trouver au milieu de vous ! votre communauté m'était déjà une famille. Mes projets étaient si beaux ! Je devais travailler, écrire.... Je n'irai pas à Nice, et, dans quelques jours, je l'espère, je partirai pour des régions plus belles que la baie des Anges.

« Je suis surtout content d'avoir été nommé votre aumônier ; c'est un lien entre votre communauté et mon âme. Priez et faites prier pour moi. Je me sens résigné, mieux que cela, *content*, mais les heures d'angoisse viendront sans doute. Priez pour moi, qui me faisais un si grand bonheur de vous être uni par la piété et par la prière, à vous et à vos filles.

« Votre aumônier..... hélas !....

« Dargand,

« Prêtre de l'Oratoire. »

Cette lettre émouvante à force de simplicité arracha des larmes à tous ceux qui la lurent. A de tels sentiments exprimés de cette manière, on comprit l'étendue de la perte qu'on venait de faire. Trois mois après, ce prêtre éminent et d'un si grand cœur mourait à Lyon, de la mort des saints.

La Providence réservait à la communauté de Sainte-Ursule une compensation.

Quelques jours seulement après la lettre du P. Dargand, on remettait à la mère supérieure, pendant le souper de la communauté, la carte de M. l'abbé Postel. La mère Marie de Jésus avait lu quelques-uns de ses ouvrages ; elle les avait appréciés. L'abbé Postel n'était pas dès lors pour elle un inconnu. L'entretien s'engagea immédiatement à peu près en ces termes : « Je désirerais, dit l'abbé Postel, placer ma nièce dans un établissement religieux du midi de la France. Sa santé fort délicate m'inquiète ; elle vient d'échapper par miracle à une mort certaine.

« Elle seule me reste de toute ma famille ; je voudrais m'établir près d'elle. Mes mauvais yeux ne me permettent plus d'habiter Alger. Je suis presque aveugle de n'avoir vu dans ce pays-là que des maisons qu'on blanchit à la chaux tous les ans. J'ai besoin de voir autre chose. » Puis il revint sur le sujet de sa nièce et demanda des détails sur la maison. Tout en causant, la mère supérieure lui parla de la lettre du P. Dargand et du grand embarras où elle était de ne pouvoir plus compter sur lui. Insensiblement la conversation prit un tour qui la rapprocha de leur pensée commune. « Mais, lui dit l'abbé Postel, il me plairait d'être votre aumônier. — Ce n'est pas impossible, Monsieur l'abbé, seulement, je ne me sens pas encore entièrement dégagée, et puis Monseigneur est absent. Il faut attendre son retour. — Je vais à Lourdes, lui dit

10.

l'abbé Postel, pour remercier la très sainte
Vierge de la guérison de ma nièce Veuillez me
tenir au courant. » Et il lui indiqua l'adresse où
elle pourrait lui écrire.

Mais la famille de Valentine saisie de terreur à
l'idée de la distance et s'exagérant les inconvénients du séjour de l'enfant à Nice, pendant les
chaleurs de l'été, fit tant auprès de son oncle qu'il
se décida, bien qu'à contre-cœur, à rendre la parole
qu'il avait presque donnée. Il pria cependant la
sainte Vierge de lui montrer nettement la volonté
de Dieu et dit la sainte messe à cette intention, le
jour de l'Assomption. Dans la journée même, il
recevait de plusieurs de ses amis, à qui il avait
communiqué son projet, le conseil pressant d'accepter l'aumônerie de Sainte-Ursule. Il n'hésita
plus, et, dès le 12 septembre 1874, il fut à son
poste.

XVIII

Nice plut à l'abbé Postel. Il vit dans ce séjour la possibilité d'étendre son ministère au delà du couvent de Sainte-Ursule ; c'était du reste la pensée d'un de ses amis. « Ce que j'ai pu voir de ces stations du Midi, comme on les nomme, lui écrivait son ancien et fidèle disciple, M. de Chabrol, ce que j'ai pu reconnaître des gens qui s'y abattent, du bien qu'on pourrait leur faire, me donne à penser que vous seriez dans d'excellentes conditions pour y accomplir une œuvre utile. Vous avez ce qu'il faut pour tenir tête à ce genre d'ouailles qui ont la distinction des classes riches, l'humeur quinteuse des malades, le besoin de conseil des dissipés, la soif de consolation des attristés et des malheureux. Société très difficile à conquérir ; mais vous êtes né conquérant. Et quel pays ! c'est moins sévère que l'Italie, c'est fin comme la Grèce, riche comme la France, avec un climat unique. Nous causerons de tout cela à l'ombre des figuiers bibliques, en face des îles de Lérins, qui ont abrité tant de tristesses consolées, tant de désillusions oubliées en Dieu, tant d'amitiés chrétiennes, sous le patronage desquelles je mets la nôtre. »

Dès le mois d'août, Mgr Sola, évêque de Nice, avait agréé l'abbé Postel comme aumônier de Sainte-Ursule. A la rentrée du mois d'octobre, il entrait en fonctions. Une bonne partie du mois de septembre avait été employée à son installation. Il ne s'y était nullement préoccupé du confortable. Son cœur, très dégagé des recherches du bien-être, était tout entier à sa bibliothèque. C'est pour la loger qu'il convertit le beau salon de la maison en cabinet de travail. Là, il y avait des livres et des papiers partout ; les livres étagés jusqu'au plafond, les papiers étalés sur tous les meubles :

au milieu, un vaste bureau encombré de manuscrits, en apparence jetés au hasard, mais, en réalité, disposés avec un ordre ingénieux qui permettait à l'abbé Postel de trouver tout à point
nommé. Le reste de la pièce, c'est-à-dire la plus
petite partie, appartenait aux visiteurs. La maison, précédée d'un parterre, n'avait que peu de
meubles ; ceux qu'on y avait mis étaient vieux,
sans prétention, et surtout sans le moindre luxe.
—De la maison de l'aumônier, on gagnait par
une large allée, bordée d'arbres toujours verts,
le couvent et le pensionnat : c'était le lieu ordinaire des promenades de l'abbé Postel ; c'est là
qu'il récitait son bréviaire et qu'il faisait la conversation avec ses amis. Ce coin de terre lui plaisait entre tous les autres :

> Ille mihi præter omnes
> Angulus ridet.

Il s'y sentait indépendant, toujours en excellent air et très souvent en agréable compagnie.

Le couvent de Sainte-Ursule achevait de remplacer ses anciennes constructions par une magni-

fique maison, presque un monument, entouré de jardins et ayant une vue incomparable sur la mer et sur la ville. Nous n'avons pas à nous arrêter ici sur l'éloge de la religieuse fondatrice et supérieure de la communauté. Ces lignes devant tomber sous ses yeux, nous nous ferions scrupule de la louer autrement que par ses œuvres.

Dans la fondation qu'elle avait entreprise, elle rencontra, nous le savons, des difficultés qui auraient été capables de déconcerter une âme moins forte que la sienne ; elle trouva du moins une grande consolation à penser que le côté moral, c'est-à-dire la formation de ses religieuses et l'éducation chrétienne de ses enfants, allait être en de bonnes mains, avec un aumônier comme l'abbé Postel. En effet, ce qu'il avait acquis d'expérience des âmes, ce qu'il avait autrefois dépensé d'intelligence et d'activité pour instruire les enfants, il le mit entièrement au service d'une maison, qui, pendant dix années, eut la rare fortune d'être dirigée par lui

Il avait pour ses chères élèves de Sainte-Ursule

des attentions qui ne peuvent s'exprimer. Il allait même jusqu'à la gâterie, surtout pour les plus jeunes dont le langage enfantin, les reparties naïves, les espiègleries même, avaient pour lui un attrait toujours renouvelé ; c'était bien souvent le sujet préféré de ses entretiens ; son journal le prouve. Il se reposait de ses tristesses, de ses découragements, de ses amertumes, car il connut toutes ces épreuves, en parlant de ses *bébés*, c'est ainsi qu'il disait, et en racontant leurs histoires sur lesquelles il ne tarissait jamais.

Ce qu'il fit de bien dans cette maison est vraiment incroyable. Il s'appliqua avec un zèle tout sacerdotal à y former les enfants à une piété sincère, à les instruire à fond de leur religion ; il le fit avec une grande élévation et une grande simplicité, s'attachant à se faire comprendre de toutes, même des plus petites. Il était convaincu qu'une forte instruction religieuse, nécessaire aux jeunes filles en tout temps, l'est encore plus à une époque comme la nôtre, où leur foi est exposée à tant de périls. Aussi, l'étude et la

science du catéchisme avaient à Sainte-Ursule
une place éminente. L'heure de l'instruction de
l'aumônier était aussi la plus agréable de la journée, tant il savait intéresser son jeune auditoire
par ses histoires, par ses comparaisons, par la
manière vive, alerte, toujours neuve, dont il ma-
niait la parole, dont il faisait les interrogations,
dont il commentait les réponses, dont il rendait
compte des travaux écrits, et aussi par l'imprévu
de ses saillies, par une gaieté communicative
qui contrastait avec sa tenue grave, discrète, austère même, enfin, par les mille industries de son
zèle pieux pour former des âmes à Jésus-Christ,
car c'était là son unique but et il estimait cela
au-dessus de tout.

Il faisait trois catéchismes par semaine; le
mardi, aux enfants de la première communion;
le vendredi, aux persévérantes, et à ses chères
bébés, le samedi. Ce sont les plus jeunes enfants
qui ont eu sa dernière parole, son dernier sourire;
puisqu'il leur faisait le catéchisme huit heures
seulement avant sa mort.

Rien ne pouvait lui faire omettre l'accomplissement de ce devoir; il s'arrangea toujours, même
avec les circonstances les plus imprévues, pour
ne manquer ni le jour, ni l'heure de ses cours de
religion.

Il tenait surtout à ce que son catéchisme de
persévérance ne fût jamais déplacé. Le cours
durait quatre années : le plan était celui du catéchisme du Concile de Trente, mais l'abbé
Postel y ajouta des conférences sur le symbo-
lisme chrétien et sur la liturgie. Entre temps, il
réfutait les principales erreurs contemporaines
sur la religion, et abordait les notions élémen-
taires de la philosophie et de l'économie politique. Puis, c'était le tour de l'Écriture sainte, des
Saints-Évangiles surtout, étudiés au point de
vue de l'histoire et de l'exégèse, et tout cela
exposé avec une si grande limpidité, que son
jeune auditoire, même les enfants les plus légè-
res, s'étonnaient de comprendre ces belles choses
qu'elles ne saisissaient pas toujours très bien
dans leurs livres. La veille même de la mort de

Mgr Postel, une des plus jeunes s'écriait en le re-
gardant au sortir du catéchisme : « Je voudrais
bien avoir la tête de notre aumônier. Mon Dieu!
comme il y tient de choses ! »

Ses occupations pastorales furent pour lui d'une
grande douceur, elles eurent aussi pour effet de
l'arracher à lui-même, et déjà, par ce côté, elles
lui étaient extrêmement utiles.

XIX

ES relations agréables, avec ce qu'on appelle encore à Nice « la colonie française », faisaient une heureuse diversion
aux travaux de l'abbé Postel. Avec quelques in-
times, des ecclésiastiques, d'anciens professeurs,
des hommes du monde hautement chrétiens, et,
ce qui ne gâte rien, fort spirituels et très instruits,
on se réunissait chaque semaine et à tour de
rôle, les uns chez les autres, pour dîner ensemble
et passer ensuite quelques heures de la soirée.
Alors, la salle à manger de l'abbé Postel, toujours hospitalière, avait un certain air de fête.
Elle était pourtant bien étroite, cette salle ; mais,
comme la maison de Socrate, elle était toujours
pleine de vrais amis. Jamais, excepté quand

il avait des hôtes, l'abbé Postel ne s'inquiétait de
ce qu'on lui servait, et, sauf les grandes occasions, il se contentait du talent de sa cuisinière,
quoique la pauvre fille fût incomplètement ren-
seignée sur l'art d'apprêter les mets, même les
plus simples. Il se faisait une gloire de ne rien
entendre à ces choses; on l'eût mis dans un
sérieux embarras, on l'eût même contrarié, en lui
demandant son opinion sur le mérite d'un vin.
Le dîner était pour lui un prétexte à la conversation; et quelle conversation! vive, originale,
pétillante d'esprit, passant volontiers, et sans
transition, « du grave au doux, du plaisant au
sévère », abondant en citations, en anecdotes, en
histoires de tous genres dont sa tête était remplie, ne tarissant jamais sur les sujets qui lui
étaient familiers, et il y en avait un grand nombre
sur lesquels il avait une compétence réelle. Histoire, philosophie, critique grammaticale et littéraire, impressions de voyage, hommes, choses
du jour, tout y passait. Il suppléait par des idées
générales, ordinairement justes ou tout au moins

ingénieuses, à l'insuffisance de ses connaissances
sur tel ou tel point de détail; argumentait avec
souplesse, avec esprit, avec une verve intaris-
sable, se cantonnait quelquefois dans des idées
personnelles dont on avait peine à le faire sortir, manifestant, d'après tel ou tel point de vue
particulier des sympathies ou des répugnances
dont il n'admettait pas toujours la discussion,
surtout lorsqu'il s'agissait de politique contemporaine. Nul ne l'égalait alors dans l'escrime
légère des ripostes vives, des réflexions plaisantes
dites avec une gravité fort originale, et même des
paradoxes ingénieux, lorsque, contredit sur un
point, il prenait immédiatement sa revanche sur
un autre.

Il paraissait souvent dominé par le besoin de
faire une thèse; de là, une certaine propension
à conclure du particulier au général, et à ériger
ses idées en principes et ses impressions en formules.

Causeur étincelant, il avait les qualités et les
défauts de sa grande imagination, de son exces-

sive impressionnabilité. Aussi, il ne se maintenait pas toujours dans la nuance et allait volontiers aux extrêmes. Ses jugements sur les hommes et sur un certain nombre de questions pratiques se ressentaient quelquefois de cette disposition. Mais ce qui dominait chez lui, ce qui donnait à ses entretiens un grand charme, c'était la droiture de son caractère, c'était son grand esprit de foi : « Quelle alliance heureuse chez l'abbé Postel, disait un de ses amis, de la foi et de l'honneur. Il a toujours été au bien avec l'entrain et l'enjouement d'un brave. Pas un détour, pas un un dessous, pas une recherche de lui-même. Dieu était pour lui le vrai bien suprême qu'il recherchait en tout. Aussi ce prêtre brillant, joyeux, simple, était pour une foule d'âmes l'apôtre de la première heure et des premiers pas vers le ciel ; il avait un enthousiasme vrai pour les choses élevées, ramenait tout au côté surnaturel. Pas une de ses conversations, même les plus indifférentes, qui n'eût ce caractère. »

Ses lettres étaient à l'image de sa conversa-

tion. Nous croyons avoir dit ailleurs que pres·
que tous les paragraphes de son journal con-
cluaient par une pensée de foi, tant la vie chrétienne et l'esprit sacerdotal dominaient chacun
de ses actes !

XX

ES ressources que l'abbé Postel trouvait à Nice dans la fréquentation d'hommes distingués lui étaient d'autant plus précieuses, qu'il en avait été souvent privé pendant ses longs séjours à la campagne. Elles ne l'empêchaient pourtant pas de retomber encore de temps en temps sur lui-même de tout son poids. A la distance où il était de sa parenté et de ses anciens amis, il s'attristait parfois de ce que sa vie n'eût pas abouti et qu'il y eût donné une incomplète mesure de ses facultés. Qu'avait-il fait depuis vingt-cinq ans et plus qu'il était prêtre? Sans doute, il n'avait pas perdu son temps; il avait même travaillé au point de pouvoir s'appliquer le mot que saint Paul avait dit de lui-même : *Abundantius omnibus laboravi;* mais à quoi cet immense travail l'avait-il mené ? Il déclarait alors mériter pour lui-même « le mot injuste qui a été dit du grand évêque d'Orléans, au moment de sa mort : *Un passant qui n'est pas arrivé.* »

Ce n'est pas qu'il eût de l'ambition dans le sens humain du mot. De sa nature, il était plutôt timide, ami des situations paisibles, et nullement disposé à se donner les mouvements qui font parvenir. Il s'expliquait un jour de ses dispositions avec un de ses amis : « Vos réflexions sur votre présent et votre passé, lui répondait celui-ci, m'ont touché, presque troublé. Elles se ressentent peut-être un peu de certaines impressions du moment, auxquelles vous avez cédé en assombrissant le tableau. Oui, certes, vous êtes à la hauteur des situations que d'autres que vous ont obtenues avec moins de mérite et moins de travail, et Dieu sait si je vous les ai désirées ! Mais je vous l'ai dit plus d'une fois, laissez-moi vous le redire ici : Avec plus de patience à vous accommoder des commencements toujours pénibles de la vie du saint ministère, et à prendre du bon côté les inconvénients d'une station prolongée dans les mêmes fonctions, mais dans des fonctions nettement hiérarchiques, vos pas eussent été des pas de géant : *humanum dico;* mais j'ai besoin d'invoquer ces circonstances atténuantes pour expliquer les péripéties de votre existence, et aussi pour justifier ceux qui, dites-vous, ne vous ont pas tendu la main. Vous me disiez, je me le rappelle, que vos pauvres yeux vous ont rendu le travail du ministère impossible; que, si vous fussiez resté à Paris, vous seriez mort depuis longtemps. Je confesse qu'il est résulté chez vous, de cette infirmité, un besoin de mouvement qui vous a constamment poussé à des occupations en dehors de celles qu'exercent la plupart des prêtres. Là est, je crois, la solution véritable du problème. N'en cherchez pas d'autre. »

Quoi qu'il en soit, la haute vertu de M. l'abbé Postel ne lui permettait pas de rester longtemps dans ces idées chagrines. La foi reprenait vite le

dessus et il se hâtait de demander pardon à Dieu
de ses regrets et de ses récriminations qui ne lui paraissaient pas suffisamment dans le sens de l'humilité et de la soumission à sa sainte volonté; car il
était prêtre avant tout, et il l'était avec la délicatesse de conscience que demande ce saint état.
La première sève du sacerdoce n'avait jamais tari
en lui. Il se retrouvait à soixante ans tel qu'il
était sorti du séminaire. Même régularité de vie,
même fidélité à tous ses exercices de piété,
sans exception; même tendresse de foi, même
attention sur lui-même, même scrupule à s'exa-
miner, à se reprendre, à s'accuser, à gémir sur
ses moindres fautes, à comparer son présent avec
son passé, à se plaindre douloureusement, ici,
qu'il a manqué de ferveur, là, de générosité; à
s'imposer des pénitences, à se comparer humblement avec tel prêtre, tel laïque qui l'a édifié
par quelque acte de vertu, en un mot, à exercer sur lui-même et sur ses moindres pensées
une surveillance de tous les instants, en vue
d'une perfection plus grande. Tout son journal

est dans ce sens. Ce sont surtout ses réflexions de retraite qu'il y faut lire ; on y voit comment sa pensée y est toujours tendue vers le salut éternel, toujours occupée de la préparation à la mort, tour à tour effrayée de la méditation des fins dernières, ou rassurée par la considération de la miséricorde de Dieu et de la puissance de l'intercession de la sainte Vierge. Il avait pour elle une dévotion tendre, filiale, ardente, au point qu'il ne craignait pas de se plaindre quand elle ne l'avait pas exaucé, et avait même la naïve confiance, dans ses moments d'épreuve, de lui signifier le délai dans lequel elle aurait à venir à son secours.

A ces sentiments, il joignait de nombreuses pratiques de piété et des dévotions particulières pour chacune des circonstances de la vie. Il avait surtout le culte des morts, et s'efforçait de gagner pour les chers défunts de sa famille le plus grand nombre possible d'indulgences plénières ou partielles ; il prenait même note de ces indulgences à la fin de chaque année, comme pour établir le bilan exact de ses gains spirituels. Il ne manquait pas un seul jour de réciter le chapelet, de faire sa lecture spirituelle, sa visite au Saint-Sacrement, son examen particulier ; il se confessait tous les huit jours, consignait dans son journal la date de chacune de ses confessions, et même les résolutions qu'il y avait prises, et s'accusait fréquemment de n'y avoir pas eu une contrition assez vive et d'être retombé trop vite dans les mêmes fautes.

Il était aussi très dévot aux pèlerinages, aux reliques des saints ; il avait un respect profond pour les associations de piété, pour les confréries, ne manquant jamais l'occasion de se faire affilier à celles qui étaient en honneur dans les pays qu'il a successivement habités, et s'appliquant avec soin, presque avec scrupule, à en observer les règlements et à en accomplir toutes les pratiques.

Mais comme la piété qui n'agit pas serait stérile, l'abbé Postel s'adonnait aux œuvres de charité, et ne manquait jamais de se faire renseigner

sur celles où il pouvait se rendre utile; c’est ainsi
qu’à Nice, il s’attacha aux cercles d’ouvriers catholiques, et il y fit beaucoup de bien par ses
conférences. Nul n’admirait plus que lui cette
institution, nul n’était plus édifié de l’abnéga-
tion de ses fondateurs. « Quelle merveille, écrivait-il dans un journal, quelle incomparable
chose qu’un homme de foi! quelle émanation
céleste s’échappe de ces âmes respirant en Dieu!
Et que dire de ces quatre cents hommes associés
dans le sacrifice de leur vie, qu’ils ont fait à
Dieu pour le rachat de la classe ouvrière! Ils
iraient volontiers au martyre pour cette cause;
en attendant, ils ne demandent qu’à souffrir pour
elle. Quelle confusion pour nous que de nous
trouver en face de chrétiens de cette trempe, qui
pourtant sont de simples laïques! »

Il faisait souvent des instructions et des
homélies aux orphelins recueillis par l’œuvre
admirable de dom Bosco; c’est même en se préparant à prêcher en faveur de cette œuvre,
qu’il devait être frappé du coup de la mort. Dieu

l'appela à lui au moment où il allait exercer un
grand acte de charité. D'autres œuvres aussi l'occupaient. Il avait été chargé de celle des Mères chrétiennes, et on se souviendra longtemps de la
direction qu'il lui donna. Nous ne craignons pas
de dire que ses exhortations ont fait époque
à Nice. Son expérience des choses de l'éducation, son respect pour le sanctuaire de la
famille, l'idée qu'il avait de ce qu'il appelait
« le sacerdoce du père et de la mère », donnaient
à ses conseils une justesse et une portée peu ordinaires. Ce ministère fut un de ceux où il obtint
le plus légitime succès.

Il ne se bornait pas toutefois à ces prédications
spéciales et faites devant un auditoire peu nombreux. Il prêcha fort souvent dans presque
toutes les paroisses et couvents de Nice ; il
donna plusieurs stations de carême, du mois
de Marie, sans compter les circonstances particulières, comme les vêtures, les professions religieuses, les retraites de première communion,
les triduums, les neuvaines à l'occasion de fêtes

de patrons. Jamais il ne refusait, et grâce à sa merveilleuse facilité il n'était jamais pris au dépourvu. Il arrivait même quelquefois qu'on mettait son nom sur l'affiche sans l'avoir prévenu ; on venait, comme par hasard, lui faire part de la découverte. D'abord il se fâchait, puis il riait, et enfin, il s'exécutait de bonne grâce.

XXI

IL ne faudrait pas croire que les prédications de l'abbé Postel lui ôtassent le
temps d'écrire. Loin de là, c'est peut-
être à Nice qu'il écrivit le plus. C'est de Nice
qu'il a daté deux grands ouvrages d'érudition
et de recherches : l'*Histoire des Ursulines*, un des
plus remarquables de tous ceux qu'il a publiés. Il
le compléta par la *Vie de sainte Angèle de Foli-
gno*. Ces deux livres font le plus grand honneur à
sa sagacité et à sa critique, et donnent la mesure
de ce qu'il aurait pu faire dans ce genre, s'il avait
été moins préoccupé d'engager à la fois et sur
tous les points des travaux que lui demandaient
ses libraires et les rédacteurs de journaux et de
revues.

Une statistique curieuse, que nous trouvons dans les papiers de l'abbé Postel, donne sur sa fécondité des détails qui nous feront mieux comprendre ce que fit cet infatigable travailleur, pendant une vie à laquelle il a pu appliquer sans présomption un mot de nos saints livres : « J'ai été dans les labeurs depuis ma jeunesse. *In laboribus fui à juventute mea.* » Il ajoutait la fin de la citation, qui n'est pas, en effet, sans quelque rapport avec les péripéties de son existence : « J'ai été exalté, puis humilié, et enfin livré au trouble et à la tristèsse. *Exaltatus autem, humiliatus sum et conturbatus.* »

Une note insérée dans son journal de 1880 contient le curieux renseignement que voici : « Calcul fait de mes livres, il s'en est écoulé, depuis vingt-huit ans, cent trente mille exemplaires. S'ils ont fait du bien, que Dieu en soit béni tout seul ; j'ai du moins la conscience de n'avoir tracé ni une ligne de mauvaise foi, ni une syllabe pour le mal. Il aurait, ajoute-t-il, dans l'espace de trente années fait imprimer près de *quarante mille pages* de format in-12, non compris les articles de revues et de journaux, dont le total lui paraît pouvoir fournir la matière d'au moins *vingt mille autres. La Bibliographie catholique* à elle seule entrerait pour le tiers dans ce dernier chiffre. »

En ajoutant à ces chiffres respectables les livres et les articles que l'abbé Postel composa pendant les cinq dernières années de sa vie, on atteint un total encore plus élevé. Ces dernières œuvres développaient encore des qualités dont les travaux précédents laissaient pressentir l'épanouissement complet. En même temps, sa méthode de composition s'était perfectionnée. On y remarquait plus d'unité, plus de synthèse, un genre qui se rapprochait davantage de la langue des écrivains classiques qui furent toujours ses modèles, et se dégageait heureusement des traces qu'avait laissées dans ses précédentes publications son commerce avec les livres contemporains dont il s'était approprié trop souvent les expressions, sinon la manière et le style.

Le livre qui a pour titre : *les Douleurs de la vie, la Mort, le Purgatoire*, et dont il publia une seconde édition, quelques mois seulement avant sa mort, donne une idée assez complète de sa « dernière manière ». Il en avait soigné la composition presque avec scrupule : « C'est un livre que j'ai *vécu*, disait-il ; il faut avoir passé par la souffrance pour l'écrire comme je l'ai conçu ; les âmes qui ont souffert me sauront peut-être gré de les avoir comprises. »

L'abbé Postel avait déjà passé près de quatre ans à Nice, lorsque Mgr l'archevêque d'Alger prit l'initiative de solliciter du Pape l'honneur d'une prélature pour un prêtre si méritant. Plusieurs évêques, notamment ceux de Nancy, de Fréjus et de Rodez, s'associèrent avec empressement à la démarche de Mgr Lavigerie. L'abbé Postel s'en montra vivement touché. Il fut surtout reconnaissant à l'archevêque d'Alger d'avoir voulu effacer ainsi les dernières traces des malentendus qui avaient, huit ans auparavant, jeté pour un instant quelques ombres sur leur vieille amitié. La négociation, suivie de près à Rome par le fils aîné du prince Borghèse, le prince de Sulmona, aboutit, au bout de trois mois, au résultat désiré. Vers la fin d'octobre 1878, l'abbé Postel recevait un bref qui le nommait Prélat de la maison de Sa Sainteté. Une seule chose le troublait dans cet honneur, auquel pourtant il n'était pas insensible, c'était la pensée de s'entendre appeler Monseigneur, et l'obligation de convenance de porter des bas et un costume violets. Sur ce dernier point, il transigea; mais sa modestie eut beau protester sur l'autre, dès le jour de sa promotion on le salua du nom de *Monseigneur*. L'habitude le fit se résigner à cette appellation qu'il redoutait, et qui même, d'après lui, ne lui était pas due. Il avait toujours soutenu, en effet, et même il avait écrit, dans un de ses livres, que le nom de *Monsignore* en italien n'a pas le même sens que *Monseigneur* en français. Il craignait sérieusement de se mettre en contradiction avec lui-même en acceptant un honneur qu'il jugeait ne pas appartenir à son titre.

Il avait été si chaudement recommandé à Rome, que le prince de Sulmona, lui écrivant quelque temps après pour le féliciter, lui disait gaiement : « Un mot pour rire, si vous riez encore par le temps où nous vivons. En lisant les recommandations qu'on faisait de vous et tous les titres que vous aviez pour mériter la prélature, on se serait écrié dans les bureaux : « Mais ce n'est pas prélat qu'il « faudrait faire cet homme-là, c'est cardinal. »

XXII

LA vie de Mgr Postel s'écoulait sans autre incident que ses voyages de chaque année en France, surtout en Normandie, où, malgré ses anathèmes contre les brouillards et la pluie, il ne manquait pas de revenir à l'époque des vacances. Sa nièce grandissait, et sa santé n'inspirait plus à son oncle les inquiétudes dont il avait été assailli au début du séjour à Nice. Il avait formé autour de lui des relations et des amitiés fort précieuses, et malgré des retours de mélancolie et des accès presque périodiques de tristesse, qui tenaient autant à son imagination qu'à des accidents de santé, il pouvait dire que jamais de sa vie il n'avait connu une aussi longue période de tranquillité. Une circons-

tance le ramena violemment à ses tristesses et l'af-
fligea même au point que sa santé en reçut un
ébranlement dont elle ne put jamais complètement se remettre.

Le 1er janvier 1882, on avait appris à Nice la
mort de Mgr Sola. Ce vénérable évêque était fort
aimé dans son ancien diocèse, et quoique son grand
âge, quatre-vingt dix ans, laissât prévoir une catastrophe prochaine, la nouvelle de sa mort ne
laissa personne indifférent. On lui fit de magnifiques obsèques auxquelles le Gouvernement voulut donner un éclat particulier, sans doute pour
protester contre une certaine opinion qui avait
attribué à Mgr Sola, au moment de l'annexion de
Nice à la France, des sentiments plus italiens que
français. Mgr Balaïn, son successeur, pria Mgr Postel de prononcer l'oraison funèbre. C'est le 4 janvier que se firent les funérailles. En trois jours
Mgr Postel avait composé son discours ; lui seul
était capable d'un pareil tour de force. Il parla en
présence d'un immense auditoire, où siégeaient
quatre évêques et où étaient représentés l'armée,

le monde officiel et tous les fonctionnaires de
l'administration. Il faut croire que la circonstance
excita Mgr Postel, car il s'éleva à des mouvements
oratoires qui n'étaient pas dans sa manière habituelle et même il en dit plus qu'il n'avait résolu
d'en dire. Parlant du prêtre et de la situation qui
lui a été faite dans la société contemporaine, par
l'expulsion des religieux et par les mesures qui
menaçaient le clergé séculier et la liberté de l'Église
en France, il dit que la haine le menace dans
les jours de sang, les massacres et les proscrip-
tions sous le règne des rhéteurs, la calomnie
aux époques sans nom ; puis, faisant allusion
aux audaces de la presse impie, il appliqua aux
journalistes le mot de *vils folliculaires*. A certains détails, on s'aperçut qu'il avait voulu dé-
signer certains journaux de Nice qui se distin-
guaient en effet dans la guerre faite à Dieu
par la violence et l'injustice de leurs attaques.
Plusieurs rédacteurs de ces feuilles se trouvaient
dans l'auditoire ; l'orateur avait voulu, dit-il, profiter de leur présence pour leur dire, en face, des

vérités qu'ils n'ont pas l'occasion d'entendre, puisqu'ils ne mettent jamais les pieds à l'église.

Ce dessein était généreux, mais Mgr Postel avait compté sans des représailles qui ne se firent pas attendre. Dès le lendemain, ce fut contre lui, dans les journaux de Nice, un déchaînement d'injures d'une violence sans pareille. La guerre continua pendant toute une semaine, guerre ardente, implacable, et dans laquelle l'orateur, défendu timidement par quelques feuilles honnêtes, fut sacrifié, même par des journaux indépendants auxquels il avait cependant fourni autrefois des articles et qui se contentèrent de garder le silence.

Les partisans du retour de Nice à l'Italie, les *séparatistes*, comme on les appelle, firent leur partie dans ce concert ; les autres accusèrent Mgr Postel d'avoir attaqué la République ; bientôt, cette querelle prit les proportions d'un incident international.

Mgr Postel n'avait pas prévu tout ce bruit. Il en fut affecté au plus haut point. Dans le cours de sa vie d'écrivain, il avait eu souvent maille à partir avec les journaux, mais seulement sur des questions de doctrine. Ainsi, le journal *le Siècle* l'avait autrefois malmené à l'occasion de son livre sur le *Miracle de saint Janvier*. Il avait riposté; on lui avait répondu, et cette polémique avait fini comme toutes les autres, lorsque, des deux côtés, on avait jugé que c'était assez. Mais ici, on s'en prenait au caractère même de Mgr Postel et à son honorabilité : les personnalités les plus injurieuses, les plus indécentes plaisanteries se succédaient avec un acharnement inouï. Cela dépassait tellement le but que Mgr Postel, malgré le silence qu'il garda tout le temps de cette levée de boucliers, crut à un complot organisé contre lui pour le faire partir. Alors il songea sérieusement à quitter Nice, ne voyant pas le moyen d'arrêter autrement toutes ces fureurs. Ce qui mit le comble à sa peine, c'est la froideur que lui témoignèrent dès ce moment des personnes sur l'amitié desquelles il avait cru pouvoir compter ; quelques membres du clergé de Nice affectèrent même de n'avoir plus avec lui que des rapports de stricte politesse, et les curés de la ville cessèrent de l'inviter à prêcher dans leurs églises.

Les choses allèrent si loin que Mgr Balaïn crut devoir venir en personne consoler Mgr Postel et le prier de ne pas donner suite à son dessein de partir, l'assurant, ce qui était vrai, que son départ serait pour ses adversaires un triomphe. Se rendant enfin aux représentations de l'excellent prélat, il promit de rester, au moins provisoirement, se réservant d'apprécier plus tard si sa présence ne créerait pas de difficultés à l'administration diocésaine qui l'avait accueilli avec tant de bonté. « Dans ce cas, Monseigneur, ajouta-t-il, la conscience et l'honneur me feraient un devoir de m'éloigner. — Nous n'en arriverons jamais-là, » lui répondit l'évêque de Nice, en prenant congé de lui de la manière la plus affectueuse.

La visite du premier pasteur du diocèse avait rendu un peu de courage à Mgr Postel, mais l'impression de la « semaine terrible », comme il l’appela plus tard, lui resta. Malgré l’apaisement des esprits et le retour de ceux qui avaient cru devoir s’éloigner à la première heure, le souvenir en fut pour lui plein d’amertume.

ES émotions comme celles-là ne se produisent pas impunément dans une nature nerveuse et impressionnable; aussi la santé de Mgr Postel en ressentit un sérieux ébranlement qui se manifesta dans le courant de l'année 1882 par l'apparition d'un eczéma fort incommode, et contre lequel il employa inutilement toutes sortes de remèdes. On lui conseilla d'abord les eaux de Saint-Gervais, et l'année suivante celles de Neyrac, dans l'Ardèche: il fit, en effet, une saison dans chacune de ces stations et crut à la fin de chaque traitement qu'il allait être définitivement délivré; mais cette très douloureuse affection se perpétua jusqu'à la fin de sa vie, avec des alternatives d'amélioration et de rechute qui

lui firent souvent croire à une guérison complète, ou bien lui donnèrent l'occasion de se résigner et d'offrir à Dieu ses souffrances en esprit
d'expiation, car c'est à ce point de vue surnaturel qu'il se maintint constamment pendant
cette longue épreuve. Elle se compliqua pour lui
de la nécessité de modérer son ardeur au travail
qui était véritablement sa vie. C'est ce dernier
sacrifice qui lui coûta le plus. Ce qu'il acquit de
mérites pour le ciel pendant ces trois années,
Dieu seul le sait, mais ses amis s'aperçurent que
son âme montait tous les jours vers une perfection plus grande. « Depuis quelque temps, écrivait un de ses amis, son caractère avait déjà les
nuances adoucies qui donnent tant de charmes à
l'automne d'une vie pure : vif par tempérament,
il devenait graduellement d'une douceur, d'une
mansuétude que je ne pouvais m'empêcher d'admirer. Il s'irritait moins contre les choses ; jamais
contre les personnes, sauf contre les ennemis de
l'Église. Il excusait tous les torts, défendait les
accusés : « On ne peut pourtant pas, » disait-il,

« les condamner sans les entendre. » Il avait
une immense charité pour les faiblesses et les
chutes, disant souvent pour expliquer son indulgence quand on la trouvait excessive, qu' « on
« ne met pas le pied sur la tête d'un homme qui
« se noie; » en un mot, la paix de Notre-Seigneur, comme dit l'Apôtre, triomphait dans son
cœur. »

Ses affections, ses préférences, ses opinions politiques auxquelles il était attaché avec tant d'ardeur se ressentaient du calme qui commençait à
se faire dans sa vie. Il avait eu tant de déceptions; ses espérances avaient été si souvent dé-
concertées, qu'il s'en remettait simplement à la
volonté de Dieu de la tournure que prendraient
les événements d'ici-bas, assuré que la divine
Providence, qui agit toujours pour le plus grand
bien des âmes, fait mieux les affaires de ce monde
que ceux qui s'imaginent les diriger par leur sagesse toute seule, cette sagesse si courte par tant
d'endroits.

C'est dans ces dispositions que le trouva la

nouvelle de la mort du comte de Chambord, qu'il apprit à Saint-Gervais, pendant sa saison d'eaux. Douloureusement préoccupé de la maladie du Prince, dont il notait chacune des phases dans son journal, l'issue fatale le trouva résigné, mais profondément affligé. Quelques jours après, il écrivait ces lignes mélancoliques : « Je vieillis, je n'ai plus dans l'âme la poésie et les idées vives d'il y a quinze ans. Autour de moi, la solitude se fait à peu près complètement. Plus de parents, plus de compagnons de ma jeunesse! Patience, ô mon âme! la voie des souffrances, tu l'enseignes aux autres, est décidément la meilleure et la plus sûre. Tout ce qui t'a précédé te tend les bras de l'autre côté de la tombe. Patience! quel bonheur de faire ici-bas son purgatoire; à vrai dire, et à part quelques rares instants, ma vie n'a été que cela. »

Il s'occupait alors de composer un livre de méditations et de lectures spirituelles, contenant des pratiques pieuses et des prières pour se préparer à une bonne mort. « Comment s'attacher à cette vie, disait-il, à cette vie si pleine de douleurs, traversée par tant de sollicitudes! Nous y moissonnons journellement l'inimitié des hommes; nous y voyons couler les larmes des affligés. Il n'est personne, selon l'expression des saintes Écritures, pour les consoler. C'est pourquoi le livre de l'Ecclésiaste déclare ceux qui sont morts plus heureux que les vivants. Plus heureux que l'un et l'autre, ajoute le texte sacré, m'a paru être celui qui n'est pas encore né et qui n'a point vu les maux qui règnent en ce monde. Cette vie étant un fardeau bien pesant, la mort qui la termine ne peut être qu'un soulagement. Tout soulagement est un bienfait : que conclure? La mort est-elle un mal? quitter la vie présente, n'est-ce pas un bien? »

C'est sur cette interrogation que se terminait la dernière page que Mgr Postel ait écrite. C'était quelques jours seulement avant celui qui devait être le dernier de sa vie. Mais il n'avait pas attendu jusque-là pour mettre ordre à ses affaires. Dès l'année 1864, il avait fait son testament. Il y ajouta, depuis, des codicilles, mais rien ne fut changé dans ses dispositions primitives. Il commença cet acte solennel comme le doivent faire tous les chrétiens :

« Je meurs, disait-il, en enfant soumis de la sainte Église catholique, pour laquelle j'eusse été heureux de verser tout mon sang. Je lui dois tout dans l'ordre de l'âme et dans celui des choses temporelles. »

— Aussi, c'est à l'Église qu'il pensa d'abord. Ses nombreuses libéralités aux pauvres, à diverses paroisses, à des maisons religieuses, en font foi. Il entre même, à ce sujet, dans de grands détails, par le désir qu'il a de n'oublier personne ; presque à chaque phrase, il se recommande aux prières de ceux à qui il lègue un souvenir. C'est par la pensée de Dieu qu'il avait commencé, c'est par la même pensée qu'il finit.

Du reste, dans cet instrument libellé avec le soin minutieux qu'il mettait à tous ses travaux, il n'oublie rien, pas même la désignation précise du lieu de sa sépulture et de la place qu'il veut

occuper au milieu des siens, dans le cimetière de
Lignon, près de Couterne, et à deux pas d'un
sanctuaire célèbre dédié à la très sainte Vierge,
et où il avait fait tant de pèlerinages dans le cours
de sa vie.

<h1 style="text-align:center">XXIV</h1>

ONSEIGNEUR Postel, qui avait tant redouté la mort s'habituait peu à peu à la regarder en face : « La mort, écrivait-il, je ne la regarde pas comme un mal, quand on y est préparé. La véritable vie, c'est d'être près de Dieu et loin des misères humaines. Aussi, je la demande tous les jours à Dieu. Point de longues maladies, point d'infirmités, ni de langueurs. » Il ne se doutait pas qu'il dût être si complètement exaucé.

Ainsi préparé par une vie si complètement sacerdotale, il lui était bien permis de faire le vœu qu'exprimait le cardinal de Cheverus. Son historien raconte qu'à la prière du soir, récitant les litanies des Saints avec ses domestiques, il voulait que, de cette invocation : *De la mort subite et imprévue, délivrez-nous, Seigneur*, on retranchât un mot, et qu'on dît simplement : *De la mort imprévue, délivrez-nous, Seigneur*, estimant qu'un chrétien doit se borner à demander la grâce d'être toujours prêt à paraître devant Dieu, et que la mort subite est, dans ce cas, plus à désirer qu'à craindre, puisqu'elle nous fait échapper à l'épreuve de la maladie. Le cardinal fut exaucé, car il succomba à une attaque foudroyante d'apoplexie. C'est de la même manière que Mgr Postel devait finir sa vie.

Dans les jours qui précédèrent sa mort, rien ne donnait à penser qu'il fût si près de sa fin. Loin de là, sa santé lui donnait moins d'inquiétude. On le voit d'après son journal, fidèle miroir de sa vie : depuis plusieurs mois, ses pages reflétaient moins ce genre de préoccupations.

Sa nièce, en grandissant, acquérait de plus en plus les qualités aimables d'une jeune fille pieuse et simple. Son oncle jouissait du succès de cette éducation à laquelle il avait consacré sa vie.

Mgr Postel se reprenait au travail, presque à la
confiance; du moins, son avenir lui apparaissait
sous un aspect moins sombre. Le mardi 3 février,
il assista gaiement à la réunion qui se tenait
chaque semaine, le même jour, et alternative-
ment, chez les trois ou quatre amis qui faisaient
sa société habituelle. On lui parla du séjour de
Pau, dont on lui vanta le climat et les habitants.
Cela lui donna l'idée de visiter un jour ce pays
qu'il n'avait fait qu'entrevoir en allant à Lourdes;
il parla même d'y prendre sa retraite, au cas où il
ne pourrait plus remplir son ministère à Nice. Le
lendemain, il fut retenu chez lui par le mauvais
temps; il put sortir le jeudi et fit une longue
séance chez un libraire. Le vendredi était le
jour du catéchisme de persévérance; il ne sortit
pas de toute la journée. Il avait accepté de prêcher le lendemain à une fête donnée au patronage
Saint-Pierre, en l'honneur de Mgr Caglieri, vicaire apostolique de Patagonie, qui était de passage à Nice. Le prélat devait partir quelques jours
après, avec dix-huit missionnaires Salésiens, pour

sa mission lointaine. L'œuvre de dom Bosco avait toutes les sympathies de Mgr Postel. Comme il se prêtait avec une entière bonne grâce à tous les impromptus qu'on réclamait de son zèle, il avait accepté volontiers l'invitation qu'on lui avait faite la veille même de la cérémonie. Le matin, il dit la messe à Sainte-Ursule, entendit quelques religieuses en confession, fit le catéchisme aux jeunes enfants, et rentra chez lui vers dix heures, pour réunir quelques notes, en vue du sermon qu'il devait prêcher le soir.

On l'avait invité à dîner à midi, avec un certain nombre d'ecclésiastiques et de laïques fort attachés à l'œuvre de dom Bosco. Vers onze heures et demie, Mgr Postel sortit, après avoir fait quelques recommandations de détail à sa servante.

La plupart des convives étaient déjà réunis; il en vint d'autres après lui. Vers midi un quart, on se mit à table.

Mgr Postel assez en verve ce jour-là fit quelques plaisanteries sur les Niçois ou « les Niçards », comme il disait; plaisanteries connues, mais qui étaient toujours bien accueillies quand elles venaient de lui.

Vers le milieu du dîner, il se sentit indisposé : « Je voudrais bien sortir, dit-il à voix basse à son voisin de table, M. Harmel, mais cela va faire un dérangement; sortez le premier, je vous suivrai. »

Ils quittèrent tous les deux la table. On crut que Mgr Postel allait préparer son sermon. M. Harmel l'attendit au bas de l'escalier; un ecclésiastique de la maison était sorti après eux. Cet ecclésiastique, entendant du bruit, tourna la tête et vit Mgr Postel chanceler subitement dans l'escalier. Il le reçut dans ses bras, et appela M. Harmel qui accourut, lui appuya la tête sur son épaule et fit avertir le docteur d'Épinay qui était un des convives. Pendant ce temps, le malade, toujours soutenu par M. Harmel, souleva plusieurs fois son bras droit avec sa main gauche, et le bras retomba inerte le long du corps. Il fit des efforts pour parler, mais sans réussir à se

13.

faire comprendre, puis il perdit complètement connaissance après deux ou trois vomissements. On le ramena chez lui en voiture. Le curé de l'église Saint-Jean-Baptiste, sa paroisse, lui administra immédiatement l'Extrême-Onction, l'exhorta, mais ne put s'assurer si le malade l'avait compris. Cependant la respiration devint plus régulière, on se prit alors à espérer que cette attaque n'aboutirait pas à une catastrophe, mais quelques instants après avoir été administré, l'agonie commença, et à sept heures un quart Mgr Postel rendait le dernier soupir.

Il est plus facile d'imaginer que de décrire la profonde stupeur, disons mieux, la consternation que produisit cette nouvelle au couvent de Sainte-Ursule. De proche en proche, elle fut bientôt connue de toute la ville, et l'on put voir alors quelle place y tenait Mgr Postel. Le vénérable évêque, Mgr Balaïn, se montra particulièrement affligé. Il avait soutenu et consolé Mgr Postel dans les circonstances pénibles que nous avons racontées plus haut, et il avait conçu à cette occa-

sion une estime encore plus haute pour ce prêtre
si distingué et qui était une des gloires de son
diocèse; aussi il tint, quelques jours après, à ho-
norer ses funérailles de sa présence. Pendant tout
le temps que le corps resta exposé, une affluence
considérable de fidèles vint prier devant le lit
mortuaire et y faire toucher des chapelets et des
médailles, tant était grande la renommée de piété
que laissait le vénéré défunt. Les funérailles
eurent lieu le mercredi 11 février, et se firent à
l'église dite du *Vœu*.

« Des funérailles comme celles-là, écrivait un
journaliste, honorent autant les vivants que les
morts. » Il n'y manqua ni les larmes, ni les
prières, ni un cortège immense, formé des dé-
putations des orphelinats de la ville, du Petit-
Séminaire, des couvents, des communautés, de
presque tout le clergé des paroisses de Nice, du
vénérable chapitre, et enfin du cercle catholique
d'ouvriers tout entier. Le défunt appartenait à la
famille pontificale; c'est à un frère que vinrent
rendre le suprême hommage trois camériers

de cape et d'épée qui suivaient le cercueil, le baron de Châteauneuf, le comte de Villatte et le vicomte de Villoutreys; c'étaient des amis qui tenaient les cordons du poêle. Dans cet immense foule, il n'y avait pas un indifférent.

La règle des religieuses cloîtrées, comme le sont les Ursulines de Nice, ne leur permettant pas de suivre le convoi de leur aumônier, un premier service avait été célébré, le matin dans leur chapelle, le corps présent. M. l'abbé Fabre, vicaire général de Nice et supérieur de la communauté, dit la messe et prononça des paroles fort touchantes. C'est de Sainte-Ursule et du couvent même que partit le cortège pour se diriger vers l'église du *Vœu*.

Le curé célébra la messe, et, après l'Évangile, un vieil ami de Mgr Postel, l'abbé Girodon, établi à Nice quelques années avant lui et aumônier d'un couvent voisin de Sainte-Ursule, raconta la vie de l'excellent prélat, dans un discours ému où son cœur passa tout entier. « Le défunt parle encore, s'écria-t-il : *Defunctus adhuc lo-*

quitur. Il parlera longtemps à cette génération
par ses exemples ; il parlera plus longtemps encore aux générations qui viendront après nous
par les livres qu'il a composés et que nous som-
mes sûrs de voir durer, car ils ont fait leurs
preuves ; il se survit à lui-même par les œuvres
de son zèle et, dès ce jour, il prend sa place au
nombre de ceux qui ont le mieux aimé l'Église
et la France et qui les ont le mieux servies. »

Ces pensées étaient de circonstance ; elles
furent exposées avec chaleur, avec éloquence, et,
à la manière dont elles furent accueillies, il fut
manifeste qu'elles répondaient à l'attente de tout
le monde.

Mgr l'évêque, entouré de ses vicaires généraux,
donna l'absoute, et les dernières prières termi-
nées, les dépouilles mortelles de ce grand serviteur de l'Église et des âmes furent déposées dans
un caveau funéraire, où elles attendirent quelques
jours leur inhumation définitive.

C'est en Normandie, c'est près de son berceau
qu'il avait voulu que fût placée sa tombe. Il

repose là, auprès de sa bonne mère et auprès de son père, « placé en travers à leurs pieds,» car il avait exigé qu'il en fût ainsi.

Il avait fait plus : dans la crainte qu'on ne voulût graver sur son tombeau des éloges dont son humilité aurait souffert, il avait pris le soin de rédiger lui-même son épitaphe.

Il n'y avait voulu que ces simples et fortes paroles de la sainte Écriture : « Mon Dieu ! mon âme s'est attachée à vous. Et maintenant, quelle est mon attente, sinon le Seigneur? C'est lui qui dégagera mes pieds des entraves. *Deus meus, adhæsit anima mea post te. Et nunc, quæ est expectatio mea, nonne Dominus? Ipse evellet de laqueo pedes meo.* »

Sous la protection de ces pensées de foi, il repose dans ce cimetière solitaire, en compagnie de ceux qu'il a aimés, et attendant avec eux la résurrection future. Il repose après une vie si bien remplie, comme le fidèle serviteur à la fin d'une journée de travail. Il repose dans une de-

meure permanente : *manentem civitatem*, demeure qu'il n'a jamais pu trouver pour sa vie
d'ici-bas. Il repose loin des tumultes du monde,
loin des agitations qui ont si cruellement éprouvé
son existence.

Il repose enfin ! Du fond de sa tombe, il nous
semble entendre les paroles qu'il disait à la Mort
pour se rassurer contre ses terreurs. Ces paroles
seront les dernières de ce livre. Il nous plaît de
nous taire pour l'entendre parler encore une fois :
« O Mort ! ton jugement est bon ; tu commences
la véritable vie ; tu es la voie qui mène sûrement
à Dieu ; tu es la vérité qui nous éclaire sur les
vanités et les inconstances d'ici-bas. Je l'ai cher-
chée, cette vérité qui est en vous seul, ô mon
Dieu ! je l'ai aimée, je l'ai préférée à tous les biens
d'ici-bas ; je me suis attaché à elle pendant
le temps, dans l'espoir de jouir d'elle éternelle-
ment au ciel, dans sa divine clarté, dans son im-
mortelle plénitude et dans son incomparable
beauté. Si j'ai connu, ici-bas, la tristesse avec ses
amertumes, je jouirai là-haut de la réalité des

consolations que vous assurez, ô mon Dieu! à ceux qui pleurent. Si je me suis abandonné à la vaine joie, je verrai dans le ciel la vérité des joies que vous préparez à ceux qui vous aiment. Joies ou tristesses, tout passe ici-bas. La vie présente est une ombre; l'autre vie est la lumière. La terre est l'exil, le ciel est la patrie!. »

FIN